아침 1분 경영 수업

성 장 하 는 기 업 의 C E O 를 위 한

아침 1분
경영
수업

이관식 지음

피톤치드

프롤로그

인내가 최고의 용기

돌이켜 보면 오늘이 있기까지 연세대가 나에게 베풀어준 수
많은 혜택에 감사한 마음을 금할 길이 없다. 대학도 간신히 졸
업한 문제아였지만 연세대 경영학과 출신이라는 이유 하나로
주위에서는 장래가 유망한 젊은이로 대접해 주었다. 또 힘들
때마다 얼굴도 한 번 본 적 없는 동문 선배를 찾아가 넉살 좋게
"선배님", "형님" 하면서 숱한 고비를 넘기지 않았던가? 이 모
든 것을 어찌 돈으로 환산할 수 있겠는가?

1970년대 수출드라이브 시대에는 '헬로(hello)', '땡스(thanks)'
등 아는 영어 몇 개로 외국 바이어들을 고급 식당에서 대접하
며 자존심을 굽혔고, 80년대 초 정부 시스템 선진화 작업 때는
공무원들을 수행하며 관납을 배웠다. 국민 생활이 윤택해지자

외국의 이름 없는 외식을 한국에 들여와 외식 문화를 선도했고, 18홀로만 각인되어 인허가가 힘들었던 골프장 사업에 9홀의 틈새시장을 파고들어 지금까지 40년간 잘 버텨 왔다. 강남구청과의 지루한 행정재판 끝에 청담동에 스포츠 센터를, 주민들이 몰려와 떼창을 부르며 시위하는 것도 몸으로 막아내어 올림픽 콜로세움을 오픈했다.

변해야 산다. 다음 먹거리를 찾아야 한다. "유능한 경영자는 불경기 때 호경기를 생각하고, 호경기 때 불경기를 생각한다"라는, 대학 때 이종하 마케팅 교수님의 한마디가 항상 머릿속에 맴돌았다.
내가 생각해도 정말 열심히 살았다.

연세대 영문과를 졸업하고 연세대 상대 교수로 일하다 은퇴하신 아버지는 돌아가시기 얼마 전 나에게 이런 말씀을 하셨다.
"나는 일곱 살 때 아버지를 여의고, 평생 성공회 신부님을 아버지처럼, 성경 말씀을 아버지 말처럼 믿고 의지하며 살았다. 평양고보를 졸업하고 잃어버린 나라의 미래 교육을 위해 외국 유학을 고민할 때 성공회 신부님이 서울 신촌에 백낙준 박사를 찾아가라고 해서, 그 인연으로 미국 유학을 할 수 있었다. 그 후 연세대에서 일생을 마칠 수 있었다. 기회가 되면 너도 모교인 연세대와 성공회를 위해 봉사하라."

아버지는 "인내가 최고의 용기"라고 말씀하셨다.

겸손과 검소가 몸에 배어 있으셨으며 자기 절제를 통한 훌륭한 인격의 소유자셨다. 평생 교육자로서 성직자보다 더 성직자다운 삶을 사셨으며 자식을 위해 기도하는 아버지셨다. 기도하는 부모가 있는 한 그 자식은 나빠질 수 없다며 못난 자식을 위해 항상 기도하셨다.

원래 공부보다는 운동에 관심이 많았고, 그러다 보니 학교에서는 모범생보다는 문제아들과 어울릴 기회가 많았다. 아버지에게 칭찬받은 기억은 없고, 야단맞고 매 맞은 기억뿐이다.

아버지한테 칭찬받지 못한 것이 한이 맺혀서일까? 아니면 아버지를 기쁘게 해드리지 못한 죄책감 때문일까? 꿈속에서라도 아버지에게 칭찬 한번 받고 싶다.

내 나이 70대 중반, 이 나이에 초등학교 때 100점 맞은 아이처럼 돌아가신 아버지에게 칭찬받고 싶은 내가 정상인가, 비정상인가? 아니면 나의 또 다른 욕심인가?

몇 년 전 상영된 영화 〈국제시장〉의 마지막 장면, 배우 황정민의 독백이 생각난다.

"아버지, 이만하면 내 잘 살았지예. 근데 내 진짜 힘들었거든예."

그 장면에서 왜 눈물이 났을까?

"잘못하고도 큰소리만 치고, 평생 울지 않을 것 같던 강철 같은 당신이 영화를 보고 눈물을 흘리다니 그런 모습은 처음 봤다"라는 아내가 어찌 이 눈물의 의미를 알 수 있을까?

나는 늘 당신을 향하고 있습니다.

99% 엉망인 나의 1%를 믿어준 당신,

때로는 야단치고 때로는 격려해 주면서

절대로 나를 버리지 않은 당신,

내 삶에 든든한 조언자가 되어준 당신,

내 삶에 열렬한 응원자가 되어준 당신,

당신은 내 인생의 길잡이입니다.

하늘나라에서도 저를 위해 기도해 주실 것을

믿고 있습니다.

오늘 밤, 꿈속에서라도 아버지를 만나 보고 싶다.

목차

1

雲泥之差
운니지차

구름과 진흙처럼
차이가 크다

———

011

2

破邪顯正
파사현정

그릇된 것을 부수고
바른 것을 드러낸다

———

057

3

切磋琢磨
절차탁마

칼로 다듬고 줄로 쓸며
망치로 쪼고 숫돌로 간다

———

115

4

急於星火
급어성화

별처럼 매우 급하고
빠르다

———————

163

5

安不忘危
안불망위

편안한 때에도 위태로움을
잊지 않는다

———————

219

6

弗爲胡成
불위호성

행하지 않으면
이룰 수 없다

———————

275

7

開新創來
개신창래

새로운 길을 열어,
더 나은 미래를 만든다

———————

331

1

雲泥之差
운니지차

구름과 진흙처럼 차이가 크다

001

안정과 권태에 굴복하지 말고, 용감히 도전하라. 열심히 일하기보다 새롭게 일하고, 오래 일하기보다 가치 있게 일하라. 과거에 어떤 결과물을 만들었는지는 중요하지 않다. 앞으로 어떤 결과물을 만들 것인가에 집중하라. 사람을 키우는 데 목숨을 걸라. 주위에 좋은 사람이 많아야 성공한다.

002

경영은 결국 돈과의 싸움이다. 물건을 싸게 사서 비싸게 팔고, 비용을 줄여 이익을 많이 내야 한다. 싼 이자로 돈을 빌리고, 부가가치 높은 상품을 팔아야 한다. 받을 돈은 빨리 받고, 줄 돈은 가능한 범위 내에서 최대한 늦게 주면 돈을 한 번 더 돌릴 수 있다. 그렇게 이익을 극대화해야 한다.

003

유능한 경영자는 비인간적일 수 있다. 생산성을 해치는 군더더기는 가차 없이 잘라 버리는 과감성이 있어야 한다. 유능한 경영자는 냉철함을 지닌다.

때로는 조직의 효율성을 위해 사람과의 감정적인 연결을 끊을 수 있는 결단력을 발휘해야 한다. 이 과정에서 발생할 수 있는 갈등이나 불만을 감수하면서도, 궁극적으로 더 큰 목표를 위한 선택을 한다.

지금은 능력사회다.

과거에는 출세하지 못한 그럴 만한 이유가 있었다. 지금은 자신의 무능함 이외에는 변명할 수 없다. '금수저'나 '흙수저'라는 말은 모두 패배자가 자기를 합리화하기 위해 만든 말이다. 언론이 자극적으로 키웠을 뿐이다.

005

뛰어난 리더는 행운과 능력을 구분할 줄 안다. 행운을 능력인 줄 알고 만용을 부리면 몰락의 길로 간다. 리더는 불황 속에서도 살아날 길을 찾는다. 모든 것은 경영자의 몫이다. 경영자는 결과로 평가받는다. 어떠한 변명도 용납되지 않는다.

006

회사를 어디까지 성장시킬지 항상 판단하라. 경영자는 자기 능력과 회사 능력의 한계를 파악해야 한다. 그래야 리스크를 관리할 수 있다. 한계를 어떻게 알 수 있을까? 항상 생각하고 공부하다 보면 몸으로 느끼게 된다. 욕심이 없으면 회사에 발전이 없고, 과욕하면 회사가 힘들어질 수 있다.

007

신입사원은 발로 일하고,
중견간부는 머리로 일하고,
최고경영자는
가슴으로 일해야 한다.

008

사람을 판단하는 일이야말로 리더의 중요한 역할이다. 모든 운영은 결국 사람이 하기 때문이다. 좋은 대우로 뛰어난 직원을 뽑고, 교육을 통해 능력을 키우고, 지속적인 관심을 통해 그를 내 사람으로 만들어야 한다. 리더가 해야 할 일은 능력 있는 직원을 뽑고, 그중에서도 뛰어난 직원을 골라 CEO로 키우는 것이다.

009

현명한 사람은 잘못된 결정을 되돌릴 수 있지만, 어리석은 사람은 훌륭한 결정도 엉망으로 만든다. 리더의 판단이 미래를 만든다. 특히 위기에서 빛을 발하는 정확한 판단력이 있어야 한다.

010

나는 달콤한 휴식을 위해 여행하지 않았다. 지구촌 구석구석 숨어 있는 새로운 상품을 찾기 위해 여행했다. 나는 나를 위해 돈을 쓰지 않았다. 회사의 미래 상품을 위해 투자했다. 나는 오로지 돈을 벌기 위해 일하지 않았다. 세상에 필요한 상품을 만들어 소비자에게 사랑받는 성취감으로 일했다. 그러자 세상을 사는 데 불편하지 않을 만큼의 돈과 명예와 권력이 따라왔다.

011

나는 매일 아침 '회사가 망할 수도 있다'라고 생각하며 출근한다. 기업은 언제든 망할 수 있다. 문제는 항상 생기기 마련이다. 어떻게 대처하느냐가 중요하다. 문제를 기회로 만드는 능력이 필요하다. 유능한 경영자는 쓰러져 가는 회사를 다시 일으켜 세우지만 무능한 경영자는 잘나가는 회사도 파산하게 한다.

"다르게 생각하라(Think different)!"

스티브 잡스가 자신이 만든 애플에서 쫓겨났다가 다시 복귀하면서 했던 말이다. 이 말은 어려움을 직면한 회사를 살려냈다. 같은 현상도 바라보는 사람의 눈에 따라 해석이 달라진다.

스크린 골프를 선수 훈련용으로 접근한 한 연구소는 선수 훈련에 도움이 되지 않는다고 포기했다. 그러나 이를 게임으로 접근한 회사는 대박 상품으로 만들었다. 이처럼 같은 것도 다르게 볼 줄 알아야 한다.

사업은 '영토 확장'이기도 하다. 넓은 땅을 확보하는 것도 중요하지만, 이미 가지고 있는 땅의 힘을 창의적이고 생산적인 방식으로 활용하는 능력도 있어야 한다.

다르게 생각하라, 더 다르게 생각하라, 아주 다르게 생각하라.

013

기업의 패러다임이 바뀌고 있다.

산업화 시대에는 토지와 자본, 노동이 중심이었으나 지금은 기술을 가진 벤처 캐피털이 중심이다. 땀의 노동이 아니라 머리의 노동에서 미래 먹거리를 찾아야 한다. 창업자의 관점에서 기업의 첫째 임무는 존속이다. 이익의 극대화와 손실의 최소화는 존속의 몸부림이며 기업은 성장에 따른 위험을 극복할 만큼 이익을 내야 한다. 그래야 미래 사업을 위한 자금을 마련할 수 있다.

경영자의 리더십은 카리스마나 기질, 사람을 끌어당기는 힘에만 있지 않다. 진정한 리더는 성실함을 바탕으로 조직에 신뢰를 쌓고 꿈과 에너지를 심는다. 리더는 모범을 보이고 책임을 짐으로써, 주변 사람들에게 존경을 받는다.

경영자가 인사권과 자금 집행권으로 직원을 다룬다면 그는 리더가 아닌 그저 상급자일 뿐이다. 인사권, 자금 집행권 외에 꿈, 전문성, 공정성과 따뜻한 마음, 매너까지 갖추라. 그것이 진정한 리더다.

015

유능한 CEO는 이런 사람이다.

1. 끊임없이 아이디어를 내고 실행하는 사람

2. 빠르게 결정을 내리는 사람

3. 적절하게 자기 연출 능력이 있는 사람

4. 네트워크 구축을 소홀히 하지 않는 사람

5. 집중력이 뛰어난 사람

6. 자신만의 가치관을 가진 사람

7. 기업을 개인의 소유로 생각하지 않는 사람

8. 공평한 사람

9. 함께 있으면 즐거운 사람

10. 공사를 구별할 줄 아는 사람

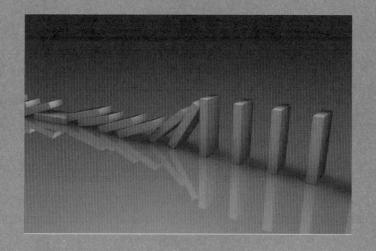

016

세상에는 두 가지 기업이 있다.
도전해서 번창하는 기업과
안주해서 사라져 가는 기업이다.
사업에도 수명이 있다.

그러므로 항상
다음에 할 사업을 찾는 데 목숨을 걸라.
성공적인 기업은 끊임없이 변화하고
발전하는 시장을 주도한다.
반면, 안주하는 기업은
시간에 뒤처지며 결국 시장에서 퇴출된다.

017

경영자는 좋은 직원과 나쁜 직원을 가릴 줄 알아야
한다.

좋은 직원은 바른 언어와 태도를 가진 긍정적인 사
람, 믿고 맡길 수 있는 신뢰를 주는 사람, 아이디어가
많은 씽크탱크(Think tank)이다.

나쁜 직원은 매사에 부정적인 안티형 사람, 무사안
일에 빠진 핑계형 사람, 자기 이익만 챙기는 뺀질이
형 사람, 자기 계발을 하지 않는 아첨형 사람이다.

018

남에게 끌려가지 말고 남을 끌고 가라. 유능한 직원은 상사도 끌고 갈 수 있다. 윗사람을 설득하는 것도 능력이다.

좋은 회사에는 언제나 훌륭한 리더와 똑똑한 팔로워가 있다. 팔로워는 리더의 생각과 가치관을 공유하고, 리더가 옳은 결정을 내릴 수 있도록 도와준다. 이들은 직원이 아니라 리더의 파트너다. 똑똑한 팔로워는 좋은 리더로 성장해 나간다.

019

예측 가능한 미래는 미래가 아니고 현재의 연속일 뿐이다. 예기치 않은 미래와 마주칠 때 그것을 어떻게 주체적으로 대응하느냐가 중요하다.

리더는 낯선 미래에 대응할 능력을 갖추고 있어야 한다. 보이지 않는 미래를 보고, 혁신적 가치를 창출해 내야 한다.

기업의 새로운 방향을 찾아내라. 우리 회사가 제대로 가는 걸까? 항상 고민하라. 피벗(정책 전환)이 필요하다.

넷플릭스는 DVD에서 스트리밍으로, 게임 개발 회사였던 슬랙은 내부에서 사용하던 커뮤니케이션 도구를 중심 사업으로, 인스타그램은 위치 기반 서비스에서 사진 플랫폼으로, 스냅챗은 단순한 사진 공유 앱에서 사라지는 스토리 기능을 추가해 세계적 기업이 되었다.

021

과거의 성공에 집착하지 말라. 상식을 부정하라. 변화를 읽는 습관을 훈련하라. 예측하고, 대응 방법을 구상하고, 실행하라. 상식을 항상 의심하라.
경영자에게 상식은 때때로 매너리즘이 된다.

같은 상품이라도 형태나 크기를 바꾸면 새로운 상품이 될 수 있다. 판매 대상이나 장소를 바꾸는 것도 좋은 방법이다.

022

예술을 가까이하라.

예술은 상식을 깨뜨리는 힘을 주고 다른 시각에서

볼 기회를 제공한다.

"사업가가 아닌 예술가가 되어야 한다."

애플을 움직인 문장이다.

예술은 창의성을 자극하고, 기존의 틀을 넘어서는

혁신을 이끈다. 스티브 잡스는 예술가처럼 사고하고,

사업을 단순히 이익을 추구하는 것이 아닌, 세상을

변화시키는 도전으로 보았다.

023

자신을 이끌려면 머리를, 다른 사람을 이끌려면 가슴을 사용하라. 가장 훌륭한 성과를 거둔 사람은 타인의 두뇌와 재능을 최대한 활용한다. 리더는 자신의 지혜와 감정을 균형 있게 사용하여 사람들을 이끈다. 훌륭한 성과를 이루는 사람은 자신만의 능력을 넘어, 다른 사람의 잠재력을 끌어내고 함께 성장하는 방법을 안다.

024

완벽주의를 버리라. 리더의 완벽주의는 문제가 될 수 있다. 리더가 모든 것을 챙기려 하는 것도 장애물이다. 모든 것이 피곤해진다. 완벽을 추구하다 보면 앞으로 나아갈 수가 없다. 또 하지 않아도 될 일에 쓸데없이 시간과 돈과 에너지를 낭비한다. 실패에 대한 두려움 때문에 미루기와 회피를 낳기도 한다. 도달할 수 없는 기준을 제시하고 지나치게 세세하게 관리해 직원들에게 스트레스, 번아웃, 불필요한 긴장을 준다.

025

위험을 감수하고 투자하는 돈은 자본이고, 집에 쌓아 놓은 돈은 재산이다. 자본은 세상을 바꾸는 돈, 즉 '살아 있는 돈'이다. 재산은 죽을 때 가져갈 수 없는 돈, 즉 '죽은 돈'이다.

자본가들은 사회에서 돈을 벌었기 때문에 사회적 책임이 있다. 투자와 고용을 통해 사회에 환원해야 한다. 경제 성장이나 지역 사회에 대한 기여, 문화 예술의 지원, 국민 보건에의 공헌, 소비자 보호, 공해 대책 등도 마련해야 한다.

026

나는 아끼는 직원일수록 호통을 친다. 내 사람이라고 느끼지 않으면 호통치지도 않는다. 왜? 기대하지도 않으니까. 아랫사람에게 호통치지 못하는 사람은 상사의 자격이 없다. 누군가 잘못하고 있을 때, 그것을 지적하고 확실하게 혼내야 조직이 제대로 돌아간다. 또 좋은 인재는 호통을 받아들일 줄 안다.

027

프로 선수는 돈을 받고 운동한다. 직장인 역시 돈을 받고 일하니 프로 선수나 다름없다. 프로는 몸값을 해야 한다. 남들이 생각하지 못하고 보지 않는 곳까지 챙겨야 한다. 자기의 생각을 끝없이 확장하고, 책임지고, 해결해야 한다. 몸으로 8시간 일하면서 생각으로도 8시간 일하면 남보다 배로 일하는 것이다.

028

CEO는 보고서보다는 공식, 비공식으로 축적된 정보를 근거로 판단해야 한다. 행간을 읽어야 한다. 글로 표현되지 않은 숨은 뜻을 파악해야 한다. 때로는 예술가적 영감으로, 순간적으로 번뜩이는 직관으로 의사결정을 해야 한다.

CEO는 현장에서 답을 찾는 현장 전문가가 되어야 한다. 열린 마인드로 직원들과 소통하고, 다양한 채널을 가지고 외부 정보를 받아들여야 한다. 끊임없이 공부해 두뇌를 살찌우고 철학과 원칙을 지키는 뚝심이 있어야 한다.

029

남의 호감을 사려고 노력하지 말라. 남과 다르게 행동하면, 사회적으로 대가를 치르거나 왠지 손해 보고 불편해질 것 같다고? 그런 고정관념을 깨라. 맹목적으로 순응했을 때 치러야 할 대가가 그보다 훨씬 더 크다. '사람은 좋으나 실패한 경영자'가 되느니 차라리 '욕먹는 성공한 경영자'가 되겠다.

'최악의 사업'은 밑 빠진 독에 물 붓는 사업, 투자는
많으나 이익이 나지 않는 사업이다.

'최상의 사업'은 적은 투자로 많은 이익을 내는 사업
이다.

'꿈의 사업'은 적은 투자로 많은 이익을 내는데 사람
까지 적게 쓰는 사업이다.

031

경영자의 고집과 명분으로 힘들어지는 기업을 많이 보았다. 경영자가 잘못하고 있을 때, 제동을 거는 충직한 직원을 귀하게 여기라. 경영자는 때때로 자신의 고집에 갇혀 올바른 결정을 내리지 못할 수 있다. 그런 상황에서 직언을 아끼지 않는 충직한 직원은 기업에 진정한 가치를 더하는 보배와 같다. 그들의 조언을 귀 기울여 듣는 것이 기업의 성장을 이끄는 중요한 열쇠가 된다.

032

좋은 사람을 뽑는 것이 경영의 시작이다. 직원은 회사의 비용이 아니라 자산이다. 양심적이고, 경영자의 의지를 격려하고, 끝없이 공부하며, 검소하고 절약 정신이 몸에 배어 있으며, 상사에게 직언할 수 있는 용기를 가진 사람을 찾으라.

나라가 망할 때 충신이 나온다고 하지만 경영은 다르다. 회사가 망한 다음에 충신이 무슨 필요가 있을까?

033

회사에 창조적 긴장감이 흐르면 흐를수록 좋다. 조
직이 긴장하려면 리더가 먼저 긴장해야 한다. 삼성
이건희 회장이 "마누라하고 자식 빼고 다 바꾸라"
라고 한 말도 조직의 긴장감을 조성하기 위해 한 말
이다.

034

직원의 희생을 강요하지 말라. 그들의 이익을 생각하라. 경영자는 직원과 그들 가정의 건강과 안전을 먼저 생각해야 한다. 그러면 그들도 회사를 위해 자발적으로 헌신하게 된다.

진정한 리더는 업무의 전문성을 바탕으로 비전을 제시하고, 공정성과 따뜻한 마음을 갖춘 사람이다.

035

자기중심적 사고에 빠지면 남 탓을 하게 된다. 발에서 냄새가 나는데 양말에서 나는 냄새라고 우기면 애꿎은 새 양말만 버리게 된다. 똑똑한 직원은 도망가고, 무능한 바보들만 남는다.

036

불광불급(不狂不及), 미쳐야 미친다.

상상을 초월하는 재미, 아름다움, 스케일, 놀라움, 감동, 습관이 있어야 한다. 미치면 시간 가는 줄 모르고 몰입한다. 그리고 마침내 내가 이르고자 한 곳에 이르게 된다.

미친 듯이 몰입하는 그 순간, 우리는 평범함을 넘어서는 성취를 경험하게 된다. 흔히 일상에서는 느낄 수 없는 깊은 만족과 성취감을 얻을 수 있다. 이처럼 미친 열정이 있을 때, 우리는 불가능을 가능으로 바꾸고 진정한 성공에 도달할 수 있다.

037

경영자는

사람을 모으는 기술,

돈을 버는 기술,

먹을거리를 찾는 창의적인 기술,

관찰을 통해 고객의 마음을 읽는 기술,

직원과 공감대를 만들어 실행하는 기술,

갑자기 닥친 위기를 기회로 바꾸는 기술,

집중해서 공부하는 기술을 갖추어야 한다.

038

생각을 행동으로 옮기고 싶은가. 행동으로 옮기고 싶어 참을 수 없는가. 그렇다면 당신은 기업가 정신이 있는 사람이다.

기업가는 기회를 발견하면 위험에 도전할 줄 안다. 생각을 행동으로 옮기는 대담함이 있다.

039

기자는 실제 일어난 일을 기록하고, 소설가는 상상해서 이야기를 만든다. 사업가는 현실을 분석하고 미래를 예측해서 상품과 서비스를 개발하는 초현실주의 예술가가 되어야 한다. 때로는 기자처럼 집요하게 현장을 파고들어야 하며, 때로는 소설가처럼 상상의 세계에서 감성적이고 예리하게 표현해야 한다.

040

협상은 이기는 것이 아니라 원하는 것을 얻는 것이
다. 상대의 목적과 감정을 잘 살펴 제3의 대안, 크리
에이티브 옵션을 생각하라. 전체의 판을 읽는 능력
이 중요하다.

협상에서 중요한 것은 상대방의 입장을 이해하고,
양측 모두가 만족할 수 있는 해결책을 찾는 것이다.
이를 위해서는 창의적인 접근과 전체 상황을 고려하
는 능력이 필요하다. 때로는 예상치 못한 대안이 최
선의 선택이 될 수 있다.

041

관리자와 리더는, 행동은 물론 생각부터 다르다. 관리자는 주어진 일만 하지만, 리더는 일을 찾아 혁신한다. 관리자는 어떻게 일할지 고민하지만, 리더는 왜 일하는가를 생각한다. 관리자는 일에 집중하지만, 리더는 사람에 집중한다. 관리자는 현상을 유지하지만, 리더는 발전시킨다. 관리자는 단기적 관점에서 일하지만, 리더는 장기적 관점에서 바라본다. 관리자는 현재를 수용하지만, 리더는 미래에 도전한다. 관리자는 모방하지만, 리더는 조합해서 창조한다. 관리자는 좋은 관계를 만들지만, 리더는 신뢰를 만든다. 관리자는 남이 만든 시간표를 따라가지만, 리더는 자신만의 시간표를 만든다. 관리자는 월급을 받지만, 리더는 이익을 가져간다.

042

기업가는 우환에 살고 안락에 죽는다.

사업이 안 된다고 걱정하고 노력할 때가 성장하는 시기고, 잘된다고 방심할 때가 퇴보의 시기다. '헝그리 정신'이나 '궁하면 통한다'라는 말은 모두 우환에 살고 안락에 죽는 이야기를 대변하고 있다. 굶주린 하이에나처럼 항상 보다 나은 회사 경영을 위해서 목말라하라. 스티브 잡스는 스탠퍼드 대학교 졸업식 축사에서 "Stay hungry"라고 말했다. 그는 사람들에게 현 상태에 안주하지 말고, 더 나은 것을 추구하며 살아가라고 강조했다. 그가 직접 경험한 창조적 성취의 비결 중 하나는 갈망이었다. 그 결과 혁신적인 제품을 출시하고, 세상을 변화시킬 수 있는 아이디어를 현실로 만들었다.

043

이기려고만 하면 결국 손해다.
때로는 져주는 것도 필요하다.
나를 긴장시키고 상대의 긴장을 풀어 주어야 한다.
재승덕(才勝德)이 아니라 덕승재(德勝才)다.
재주보다 덕이 더 중요하다.
진정한 승리는 단순히
기술이나 능력에서 나오는 것이 아니다.
사람과 사람 사이의 신뢰와 존중에서 비롯된다.
덕을 쌓고 배려하는 마음이
결국 더 큰 결과를 가져온다.

장사하더라도 무리한 욕심을 부리지 않는다. 손님을 차별하지 않는다. 돈이 있어도 우쭐대지 않는다. 베풀어도 공치사하지 않는다. 잘나갈 때 방심하지 않는다. 상대방이 어리석어도 비방하지 않는다. 가난해도 깔보지 않는다. 나는 이런 사람을 '진짜 부자'라고 부른다.

2

破邪顯正
파사현정

그릇된 것을 부수고 바른 것을 드러낸다

045

이기는 것만 알고 지는 것을 모르면 해가 된다. 이기려고만 하면 적이 생긴다. 가장 무서운 적은 자존심 상한 적이다. 상처받은 자존심은 마음속에서 쉽게 사라지지 않는다. 라이벌은 필요해도 자존심 상한 적은 곤란하다. 무심코 내뱉은 한마디와 행동에 상대방은 상처받는다.

항상 겸손하고, 남을 생각해야 한다. 때로는 일부러 지는 것도 지혜다.

046

상품에도 수명이 있다. 상품을 갈아타면서 기업의 수명을 늘려야 한다. 럭키는 치약 하나로 20년을 버텼다. 하지만 지금은 다양한 욕구의 시대다. 삐삐가 3년을 못 넘기고 사라지는 것을 보지 않았는가? 핵심 사업에 집중하고, 핵심 사업을 확장하고, 핵심 사업을 재정의하라.

047

길이라도 가서는 안 되는 길이 있다.
적이라도 싸워서는 안 되는 적이 있다.
아무리 작은 성이라도 피해야 하는 성이 있다.
아무리 작은 땅이라도 취해서는 안 되는 땅이 있다.
아무리 추상같은 명령이라도 복종하지 않아야 할
명령이 있다.

코닥은 디지털 카메라의 발전을 예고하는 시장의
변화를 무시하고, 기존의 필름 사업에 집착했다.
디지털 기술에 대한 거부감과 지나치게 보수적인 경영
전략으로 결국 시장에서 퇴출되었다. 코닥은 '가야
할 길'이 아닌, 더 이상 미래를 위한 길이 아닌 길을
선택해서 사라져 갔다.

048

가족 같은 회사? 좋은 의미일까?

가족 같은 회사는 낡은 문화로, 나쁜 경영조직 이론이
다. 구성원들에게 필요 이상 간섭하고, 해서는 안 되
는 업무나 역할로 지치게 하는 등 부정적인 현상들이
생긴다. 사용자는 가족이라는 이름 아래 싼 임금으로
노동자를 묶어 놓고 충성을 요구하며 온갖 비리를 저
지르기 쉽다. 노동자는 가족이라는 명분 아래 평생직
장을 보장해 달라고 요구하며 자기 계발을 소홀히 하
기 일쑤다.

049

완벽보다는 최적을 추구하라. 현실을 인정하고, 가끔 잘못될 수도 있다는 사실을 인정하라.

완벽한 세상, 완벽한 사람, 완벽한 경영은 없다. 완벽을 추구할 따름이다. 결과에 만족하라.

지금까지 경영하면서 가장 후회스러운 점은 완벽한 경영을 하려고 했던 것이다. 완벽 경영이라는 도그마에 갇혀서 나 자신은 물론 남에게 얼마나 많은 상처를 주었던가?

최선을 다하되 결과를 겸허히 받아들이라.

인간은 고통을 겪으며 성장한다.

최악에서 최상의 상황을 만드는 반전 드라마가 있다.

역경을 이겨 내는 고독과 몰입에서 창조가 만들어진다. 몰입의 차이가 능력의 차이다. 얼마나 빨리, 깊게 몰입하느냐가 중요하다. 몰입하다 보면 머릿속의 정보들이 유연하게 연결되어 새로운 가치가 창출된다. 몰입은 외롭게 방치된 나를 만나는 순간 시작된다.

고독을 즐기라.

051

골프에서 배우는 경영

1. 정확한 목표 설정과 전략이 중요하다.

골프에서 플레이어는 홀마다 명확한 목표를 가지고 타수를 최소화하려 노력한다. 경영에서도 명확한 목표 설정과 이를 달성하기 위한 구체적인 전략이 필요하다. 목표가 명확할수록 전략 수립과 실행이 효과적이다.

2. 끈기와 인내가 요구된다.

골프는 긴 시간 동안 집중력을 유지하며, 각 샷에 최선을 다해야 한다. 한 번의 실수가 전체 게임에 영향을 미칠 수 있지만, 이를 극복하고 다음 샷에 집중해야 한다. 경영 역시 예상치 못한 도전과 실패가 닥친다. 이때 경영자는 포기하지 않고 지속적으로 문제를 해결하며 앞으로 나아가야 한다.

3. 상황 분석과 의사결정이 중요하다.

골프에서는 매번 다른 코스와 날씨, 장애물을 고려해 최적의 클럽과 샷을 선택해야 한다. 경영은 시장 변화, 경쟁 상황, 내부 자원 등을 종합적으로 분석해 최선의 결정을 내려야 한다.

4. 자기 관리가 필수적이다.

골프에서는 체력과 멘탈 관리를 통해 실력을 유지하고, 경영에서는 경영자의 건강과 심리 상태가 기업 운영에 직접적인 영향을 미친다. 균형 잡힌 자기 관리가 결국 성공적인 결과를 이끌어 낸다.

052

약점이 아닌 강점에 집중하라. 나의 강점을 살려서 남이 따라올 수 없는 나만의 경쟁력을 키우라.

애플(Apple)과 아마존(Amazon)은 자신만의 차별화된 강점을 극대화하는 전략으로 글로벌 리더로 성장했다. 애플은 기술적인 부분에서의 경쟁력보다 디자인과 사용자 경험에 집중하여 자신만의 독특한 강점을 만들었다. 또한 온라인 서점으로 시작한 아마존은 고객 편의성을 극대화하는 전략을 펼쳤다. 예를 들어, 원클릭 주문 시스템, 빠른 배송, 그리고 개인화된 추천 시스템 등을 통해 경쟁자들과 비교할 수 없는 강력한 사용자 경험을 제공했다.

053

남보다 나은 삶을 살기 위해서는 다른 사람이 생각하지 못한 것을 생각해야 한다. 우리는 이것을 '아이디어'라고 한다. 문제를 발견하는 능력이 아이디어의 출발이다. 호기심이 줄어들고 '왜?'라는 질문이 사라지는 순간 노인이 된다. 아이디어를 갖고 놀면 지능이 개발되고, 아이디어를 현실로 옮기면 삶이 윤택해진다.

054

인생을 걸고, 목숨을 걸고 기업을 경영해야 한다. 통계를 보면 창업한 당대에 사라지는 회사가 90%라고 한다. 3대로 넘어가는 회사는 3% 미만이다. 경영은 목숨을 걸지 않고는 성공할 수 없는 극한 직업이다.

055

경영자가 무능해서 생기는 내부 리스크와 회사 밖에서 생기는 외부 리스크가 있다. 리스크를 대비하되 두려워해서는 안 된다. 자기 능력과 회사 능력에 한계가 없다고 믿으면 독선적 경영이 되기 쉽고, 리스크 관리를 할 수 없다. 논리적으로 설명할 수 없는 천운(天運)도 있다. 일은 사람이 꾸며도 결과는 하늘이 만드는 법이다.

056

사업은 협상의 연속이다. 상대방에 대한 정보가 많아야 한다. 협상 매뉴얼에만 집착하지 말고, 협상 테이블에서 유연해질 줄 알아야 한다.

먼저 어려운 이야기를 꺼내 상대를 지치게 하기, 큰소리로 허세를 부려 상대방 기죽이기, 성동격서(聲東擊西)하기, 이런 방법들을 적절히 구사해야 한다.

057

꾸짖는 것에도 기술이 필요하다. 칭찬은 엑셀이고, 질타는 브레이크다. 흥분해서 이성을 잃고 반말로 크게 야단치는 것은 최악이다. 회사 분위기를 망치고 좋은 사람도 잃게 된다. 공개적으로 혼내지 말고, 단둘이 있을 때 꾸짖으라. 흥분하지 말고, 반말하지 말고, 소리치지 말고, 자존심 건드리지 말고, 짧고 명확하게 지적하라. 마무리는 긍정적인 말로 한다.

058

경영자가 자기 계획을 실행하려 할 때 직원이 반대하기는 힘들다. 망하는 것은 경영자일 뿐, 직원은 월급만 잘 받으면 되기 때문이다. 경영자의 생각을 직원에게 물어보면 '예스'라고 답할 가능성이 크다. 그래서 외부 관계자에게 조언을 받아야 한다.

비공식 자문단을 만들어 놓아야 한다. 취약점을 발견하고 이를 공격하는 레드팀을 꾸리라.

불황 산업은 있어도 불황 기업은 없다. 불황 속에서도 살아날 길은 있다. 숨어 있는 새로운 수요를 찾으라. 테슬라는 전기차 시장의 새로운 수요를 찾아 성공을 거두었다. 초기에는 전기차의 수요가 적었고, 대중들은 전기차에 대해 의구심을 가졌지만, 테슬라는 지속적인 기술 혁신과 마케팅을 통해 새로운 시장을 개척했다. 특히, 친환경과 에너지 효율을 중시하는 소비자들의 변화하는 가치관을 빠르게 파악했다. '업의 개념'을 전통적인 내연기관 자동차에서 친환경 전기차로 확장하며 새로운 수요를 창출한 것이다.

060

필요하면 적과도 동침하라. 비즈니스 세계에선 영원한 친구도 영원한 적도 없다.

불황은 뚝심으로 버티라. 현찰이 힘이다. 현찰을 꽉 쥐고, 경비를 최대한 줄여 버티라. 때로는 손해가 득이 될 수도 있다. 살아남을 수 있는 손해는 기꺼이 감수하라. 또 벌면 된다.

061

성경 잠언 15장 22절 말씀이다.

"의논이 없으면 경영이 무너지고 지략이 많으면 경영이 성립하느니라."

혼자서는 할 수 없다.

같이 의논할 참모가 있어야 한다.

참모는 회사를 함께 이끌어 갈 동업자다.

참모는 사심이 없고 가치관이 바르고 똑똑해야 한다.

062

회사의 모든 자원을 극대화하라. 회사의 경험, 지식, 자금, 사람, 인맥을 모두 활용하라. 보유한 모든 자원을 전략적으로 활용하라. 축적된 경험과 지식은 전략적 의사결정에 중요한 데이터를 제공하며, 실수를 줄이고 효율성을 높인다. 자금은 혁신과 확장을 위한 투자에 필수적이다. 사람은 회사의 가장 중요한 자산이다. 각 직원의 능력을 최대한 발휘할 수 있는 환경을 조성하고, 팀워크를 강화하라. 인맥 역시 빼놓을 수 없다. 신뢰할 수 있는 파트너십과 네트워크는 새로운 기회를 창출하고, 어려운 시기에 든든한 지원군이 되어 줄 것이다.

같은 전략은 두 번 통하지 않는다. 과거의 성공 방식을 버리고, 창의적이고 새로운 방법을 개발하라. 1990년대 초반, 나이키는 운동화 시장에서 큰 인기를 얻었으나 경쟁이 심화되며 성장에 한계를 느꼈다. 이를 극복하기 위해 나이키는 과거의 성공적인 마케팅 방식 대신 '디지털 트랜스포메이션'을 선택했다. 모바일 앱과 데이터 기반의 맞춤형 운동 습관 관리 서비스를 제공하며, 브랜드와 소비자 간의 새로운 연결 방식을 창출했다. 또한, 유명 운동선수와 협업한 한정판 제품 출시, 패션과 스포츠의 경계를 허무는 전략을 통해 브랜드 이미지를 새롭게 전환했다. 과거의 성공 방식을 버리고 창의적인 방법을 개발해 나이키는 여전히 글로벌 스포츠 브랜드로 자리매김하고 있다.

064

실패 백서를 만들라.
야단만 치고 끝내면 사람만 잃고
경험은 쌓이지 않는다.
실패를 감추면 교훈을 얻지 못하고
경험과 기술을 축적할 수 없다.

실패학 전문가인
하타무라 요타로 도쿄대 교수는 말했다.
"실패는 숨길수록 병이 되고
드러낼수록 성공이 된다."

065

성공한 조직에는 리더에게 필요한 정보를 제때 제공하고, 리더가 내린 결정을 신속하고 과감하게 추진하는 A급 참모가 있다. 리더 혼자서는 한계가 있다. 리더가 밑바닥의 궂은일까지 처리하다 보면 지치고, 때로는 자괴감이 들어 큰 그림을 그릴 수 없다.

066

인재가 없는 게 아니다. 구하지 못하는 게 문제다. 인재를 구하기 위한 삼고초려는 리더의 가장 큰 덕목이다. 아첨만 떠는 직원, 겉과 속이 다른 직원, 화려하고 교묘한 말로 속이고 잇속만 챙기는 직원은 조직의 적이다. 리더는 항상 직원 한 명 한 명을 꿰차고 있어야 한다.

067

현실은 예상대로 아귀가 딱딱 맞아떨어지지 않는다. 현실은 복잡하고 불확실한 상황, 서로 충돌하는 욕구, 여러 경로로 가해지는 압박과 유혹이 존재한다. 따라서 리더라면 정확하고 현명하게 판단해야 한다. 리더의 작은 판단 실수가 조직을 패망의 길로 밀어 넣을 수 있다. 직원이 조금 무능해도 회사는 살 수 있다. 그러나 리더가 무능하면 회사는 무너진다. 죽기 아니면 살기로 유능해져야 한다.

068

일부 사람이나 직원들이 안 된다고 할 때 쉽게 동의하는 바로 그날이 성장이 멈추는 날이다. 쉽게 잘되는 일은 이미 남들이 다 빼먹은 찌꺼기뿐이다. 남들이 가지 않는 길을 가면 불편하고 힘들고 비용이 많이 든다. 그러나 거기에 성공이 있다.

배짱이 없으면 영광을 맛볼 수 없다. 경영자에게 용기와 배짱은 사치품이 아니라 필수품이다. 그러나 목표와 명분, 계산 없는 배짱은 용기가 아니라 무모함이다. 용기와 무모함의 경계는 욕심이다.

우버의 창업자 트래비스 캘러닉은 택시 산업의 기존 구조에 도전하며 전통적인 택시 서비스를 뛰어넘는 혁신적인 플랫폼을 만들기 위해 배짱을 발휘했다. 우버는 당시 택시업계의 강력한 규제와 기존 기업들의 반발에도 불구하고, 목표와 명분을 확고히 하고, 시장의 문제점을 해결할 수 있는 기술적 혁신을 통해 시장에 뛰어들었다. 하지만 무리한 확장으로 여러 국가에서 규제 문제와 법적 갈등에 직면하기도 했다. 용기와 무모함의 경계인 '욕심' 때문이었다. 그러나 결국, 배짱과 용기를 기반으로, 계산된 전략을 통해 리브랜딩과 전략적 수정을 거쳐 정상궤도를 되찾았다.

070

경영은 소통에서, 소통은 경청에서 시작된다. 소통은 직원을 위한 서비스가 아니라 경영의 한 요소다. 소통을 통해 직원에게 동기를 부여하고, 업무의 공감대를 형성하라. 직원들과 소통이 되면 회사의 분위기가 좋아진다.

소통은 업무적 소통, 창의적 소통, 정서적 소통으로 나눈다. 업무적 소통은 회의를 통해서, 창의적 소통은 휴식을 통해서, 정서적 소통은 개인적 관심을 통해서 이뤄진다.

자신이 똑똑하다고 여기는 리더들이 많이 저지르는 실수는 현장을 무시한 이론적 판단, 과도한 승부욕, 지나치게 논쟁적인 태도, 결과에 대한 남 탓, 잘난 척 등이다.

나만 아는 지식과 정보로 상대방을 무시하거나 솔직함을 핑계로 남에게 상처를 주어서는 안 된다. 친절하고, 말수를 줄이고, 화내지 말라.

분노도 습관이다.

072

경영자가 인문학을 너무 몰라도 안 되지만, 너무 빠져서도 안 된다. 경영자가 경영학을 몰라도 안 되지만, 너무 빠져서도 안 된다. 경영자가 취미에 너무 빠져 있어도 안 되지만, 일에만 너무 몰두해도 안 된다. 그만큼 경영은 균형이 있어야 한다.

빌 게이츠는 경영과 기술을 조화롭게 결합한 대표적인 인물이다. 그는 기술적 혁신에 대한 깊은 이해와 함께 경영자로서 조직 운영과 전략적 결정에도 능숙했다. 그런 그는 인문학에도 관심이 높았다. 2000년대 초, 마이크로소프트의 CEO에서 물러난 후, 빌&멀린다게이츠재단을 통해 글로벌 보건, 교육, 기후 변화 등 사회적 문제에 투자하며 인문학적 가치와 사회적 책임을 강조했다.

오너의 눈높이와 직원의 눈높이는 다를 수밖에 없다. 오너의 지시 사항을 즉각 수행하는 직원이 항상 있어야 한다. 오너는 기업의 비전과 방향을 제시하며 장기적인 목표를 고려해 결정을 내리지만, 직원은 주어진 업무를 수행하는 데 집중한다. 이런 차이를 극복하기 위해, 오너의 지시 사항을 즉각 수행하는 직원이 필요하다. 이들은 오너의 비전과 목표를 실행으로 옮기는 중요한 역할을 한다. 즉각적인 실행력과 신속한 피드백은 조직의 성과를 극대화한다.

오너와 직원의 눈높이가 다르다는 점을 인식하고, 서로 간의 소통을 강화하라.

074

경영이란 타인을 통해 결과를 이루어 내는 작업이다. 직원들이 자신과 같은 열정, 능력, 헌신으로 일할 것이라고 착각하지 말라. 직원이 기대에 미치지 못하면 일방적으로 직원을 질책하거나 스스로 좌절에 빠진다. 직원들도 마음이 있고, 머리가 있고, 감정이 있다. 이들을 움직일 수 있어야 경영자다. 그들의 마음을 한데 모아 열정을 타오르게 만들어 일하게 하는 것이 경영자다.

075

열정적인 회사를 만들기 위해서는 직원들에게 적당한 위기의식과 경쟁의식을 심어줘야 한다. 직원들은 좀처럼 도전과 변화를 원치 않기 때문이다. 물체는 관성의 법칙에 따라 외부 충격이 없으면 가던 방향대로 계속 움직인다. 최고경영자는 관성을 무너뜨리려는 분위기를 만들어야 한다.

이를 위해 경영자는 끊임없이 새로운 목표를 제시하고, 직원들이 현 상태에 안주하지 않도록 도전적인 환경을 만들어야 한다. 직원들이 불편함을 느끼고, 새로운 방식을 시도할 때 비로소 기업은 혁신적이고 동기부여가 된 조직으로 변화된다.

076

애플의 스티브 잡스와 마이크로소프트의 빌 게이츠, 페이스북의 마크 저커버그는 결코 새로운 것을 발명하지 않았다. 기존의 아이디어를 해체하고 조합했을 뿐이다. 바로 융합이다.

어떤 점에서 창작은 모방이다. 이미 있는 것을 찾아 경험하고, 고민하고, 조합하고, 도전하고, 실패에서 배우라. 그런 과정을 통해 새로운 것이 창조된다. 기존에 없던 완전 새로운 것을 만들려다 힘만 빠진다. 필요한 것은 이 세상에 이미 다 있으니 찾아서 통합하라.

회사를 사랑한다고 해서 우수한 경영자가 아니다. 회사를 발전시키는 경영자가 우수한 경영자다. 회사를 사랑하는 것은 경영자의 중요한 감정적 동기지만, 그것만으로 우수한 경영자가 될 수는 없다. 진정한 경영자는 회사의 성장과 발전을 이끌어 내는 전략적 사고와 실행력을 가졌다. 회사를 사랑하는 마음은 경영의 원동력이 될 수 있지만, 지속 가능한 성과를 이끌어 내는 능력과 결과가 있어야 우수한 경영자다.

078

모든 서비스 산업은 시설, 청결, 격조 있는 서비스로 이어진다. 시설이 완벽해야 청결하고, 청결해야 격조 있게 서비스할 수 있다. 리츠칼튼은 시설, 청결, 격조 있는 서비스의 완벽한 조화를 이루는 호텔 체인으로 유명하다. 이 호텔의 성공은 단순히 고급스러운 인테리어와 청결함에 있지 않다.

시설이 완벽하게 관리되고, 청결이 철저히 유지되면, 직원들은 이를 바탕으로 격조 있는 서비스를 제공할 수 있었다. 리츠칼튼의 직원들은 고객의 세심한 요구를 예측하고, 그에 맞는 맞춤형 서비스를 제공하는 것으로 잘 알려져 있다.

079

기업의 버텨 내는 힘은 탄탄한 재무에서 나온다. 돈이 있어야 위기를 이겨낼 수 있다. 항상 위기를 대비해 현금을 비축하고 빚을 무서워하라. 은행은 돈이 많을 때 돈을 쓰라고 하고, 정작 돈이 없을 때는 갚으라고 독촉한다.

은행에 너무 의존하지 말라. 위기 때 세무조사까지 받으면 기업은 휘청거린다. 언제 어느 때 세무조사를 받더라도 떳떳하도록 항상 투명하라. 기업이 장수하는 비결이다.

080

질문하라. 질문을 통해 현재의 문제를 파악하고 새로운 아이디어를 도출해, 기업 경쟁력을 높일 수 있다. 기업 경영에서 질문은 큰 역할을 한다.

"왜 이 제품은 판매량이 적을까?"

"이 제품을 어떻게 하면 더 혁신적으로 만들까?"

"왜 우리 제품이 시장에서 실패할까?"

궁금한 것은 참지 말라. 바보 같은 질문은 없다. 무엇이든 물으라.

081

관습이나 고정관념에서 벗어나라.

창의성은 관찰에서 시작한다.

일상을 잘게 쪼개 깊이 생각하며 바라보라.

일상을 문제의 시각으로 바라봐야 한다.

세상의 불만을 개선하는 방법을 항상 생각하라.

긍정적 비판을 하라.

082

경영자와 직원 사이의 최고의 덕목은 신뢰다. 신뢰가 무너지면 공감대를 만들기 어렵다. 신뢰는 리더가 모든 직원을 동등하게 대하는 데서 출발한다. 직원을 공정하게 대우해 조직 안에 신뢰 문화를 만들라.

083

단호하지 못하면 훌륭한 사장이 될 수 없다. 욕먹는 것을 두려워하면 사업을 하지 말라. 연예인은 인기를 먹고 살지만, 사장이 인기에 신경 쓰면 이익을 포기할 수밖에 없다. 상황은 항상 변하니, 관계를 위해서 이익을 포기할 필요도 없다. 하지만 이익이 나면 관계를 개선할 수도 있다.

084

화를 다스리지 못하는 경영자는 최악이다.

회사를 경영하면서 내가 가장 후회스러웠던 일 중 하나는 화를 다스리지 못해 소리를 지른 일이다. 좋은 직원을 잃고, 회사 분위기를 망치고, 외부에 나쁜 소문이 났다.

생각할수록 멍청한 일이었다.

직원들과 웃으며 농담을 주고받는 것이 소통이 아니다. 직원들은 사장의 잘못을 지적해 주지 않는다. 회의 때 사장에게 "제가 보기에 그것은 잘못된 방향인 것 같습니다"라든가 "성질 좀 죽이세요"라고 말하는 직원은 없다. 회사는 계급 사회기 때문에 필연적으로 '예스맨'을 만들어 낸다.

예스맨의 한계를 인정하라. 그들에게는 책임이 없다. 다만 예스맨을 믿고 의사결정을 하지 말라. 구렁텅이에 빠질 수 있다.

086

인재가 최고의 재산이다.

훈련받은 직원이 떠나는 것보다 나쁜 것은 훈련받지 않은 직원이 회사에 머물러 있는 것이다. 사장 혼자서 운영하면 절대로 인재를 키울 수 없다. 경영자는 핵심 참모를 리더로 키울 책임이 있다.

회사의 성장은 인재에게 달려 있다. 업무 목표를 정한 뒤 그에 맞는 인재를 뽑으라. 잠재력이 큰 사람은 훈련 비용도 적게 든다.

087

직원은 직장에서 존중받을 때 행복을 느낀다. 경영자
도 직원에게 존경받을 때 보람을 느낀다.

돈 들이지 않고 직원의 충성심을 얻는 방법은 존중과
공평함이다. 직원 존중이 월급 인상보다 먼저다. 최고
경영자는 사람을 고용하고, 고용의 대가를 지급하고,
그들을 발전시키고, 그들의 행복을 위해서 노력한다.
나보다 훌륭한 사람을 고용하기 위해 노력하고, 그들
에게 기회를 주고, 그들이 성공할 수 있도록 도우라.

088

고속 성장에는 함정이 있다.

성장을 관리하지 않으면 통제하기 힘들어진다.

기업의 안정성을 생각하라.

외적 성장과 함께 내실을 공고히 하라.

089

이탈리아 명문 가문 메디치가의 가르침이다.

– 이웃이 잘되는 것을 주위에서는 좋아하지 않는다.

– 질투는 물을 주지 않아도 잘 자란다.

– 대중의 시선에서 벗어나라.

– 겸손하게 행동하고 감사하라.

– 절대로 화를 내지 말라.

– 먼저 인사하라.

– 남이 말을 탈 때 당나귀를 타라.

– 초라한 무덤이야말로 감동이다.

090

혼자서 모든 것을 다 하려는 폐쇄적인 삶을 살지 말라. 폐쇄는 몰락이다. 좋은 회사는 훌륭한 리더와 똑똑한 팔로워가 함께 만든다. 현명한 리더는 좋은 팔로워를 키운다. 팔로워는 리더의 파트너다. 그는 생각과 가치관을 리더와 공유하고, 리더가 옳은 결정을 내릴 수 있도록 도와준다. 따라서 좋은 팔로워는 좋은 리더로 성장할 수 있다. 리더가 무능하고 부도덕하고, 팔로워가 자기 잇속만 챙기고 눈치만 본다면 그 조직은 뇌사상태나 마찬가지다.

091

고객이 항상 옳은 것은 아니다.

진상 고객은 골라내라.

고객에게 끌려다니지 말라.

나쁜 고객은 고의로 회사를 시험한다.

모든 고객을 만족시키려다 많은 고객을 잃어버린다.

어디에나 진상은 있다.

불량 고객으로부터 양질의 고객을 철저히 보호하라.

듣는 지식과 겪는 지식은 다르다.

학교는 듣는 지식을 가르치는 곳이고, 회사는 겪는 지식을 통해 결과를 만드는 곳이다. 학교는 정답을 찾는 곳이고, 회사는 이익을 만드는 곳이다. 정답을 찾는 것과 이익을 만드는 건 완전히 다르다. 교수는 유능한 사장이 될 수 없고, 사장은 유능한 교수가 될 수 없다. 생각의 판이 다르기 때문이다.

경영학을 배웠다고 경영을 잘하고 돈을 잘 버는 것이 아니다. 경영학은 올바른 의사결정에 도움이 될 뿐이다.

세상 사람들은 모두 자기 일에 바쁘다. 남의 일에는 별 관심이 없다. 심심해서 떠들 뿐이다.

우리는 자주 남의 시선이나 평가를 의식하며 살아간다. 진정 중요한 것은 남들이 무엇을 생각하느냐가 아니다. 내가 어떤 가치를 추구하고 있는가이다. 남의 의견에 휘둘리다 보면 내 길을 잃게 된다.

새로운 시선으로 접근하고 간단하게 해결하라. 답은 거기에 있다.

경영이란 계속해서 밀려오는 크고 작은 파도를 넘어가는 것이다.

한눈팔 시간이 없다.

집중하라.

"위대한 것을 만들고 싶다면
세상을 변화시키고 싶은 것이 무엇인지에
집중해야 한다."
- 마크 저커버그 (메타 창립자)

095

아무리 허물없는 사이라 하더라도 서로 환경과 입장이 서로 다르기에 쉽게 충고해서는 안 된다.

살다 보면 잘못을 알아도 고치지 못할 때가 있다. 당사자는 얼마나 가슴이 아프겠는가. 충고한답시고 지적하면 인간관계가 끊어질 수도 있다.

096

루머는 경영의 역사에서 오랫동안 기업을 괴롭혀 왔
다. 길거리에서 들은 소문을 아무 생각 없이 전하면
낭패를 당한다. 소문의 진위를 잘 확인하라. 왜곡을
헤아리는 지혜가 필요하다. 가짜뉴스인지 잘 살펴야
한다. 아름다운 침묵을 생각하라.
때로는 말보다 침묵이 더 강하다.

"나는 말한 것을 후회한 적은 있지만,
침묵을 지켰던 것을 후회해 본 적은 한 번도 없다."
- 알베르 카뮈(프랑스 소설가)

097

남을 적으로 만들 필요가 없다.
남을 잘되게 하기는 힘들어도
망치기는 쉬운 법이다.
쓸데없이 남을 헐뜯어 적을 만들 필요가 없다.
언제 어디에서 돌이 날아올지 모른다.

098

경영자는 직원들의 동의나 동조에 속지 말아야 한다. 거짓 동의가 아닌지 의심해야 한다. 경영자의 심기를 불편하게 하면서까지 굳이 반대할 직원은 거의 없다. '우리가 이 월급 받으면서 이 일까지 해야 해?' '열심히 일한다고 월급 더 주나?' '어차피 사장 마음대로 할 텐데, 뭐.' 속으로 이렇게 생각하는 직원들이 "사장님 아이디어는 정말 탁월하십니다"라든지 "사장님 최고!"라고 외칠 때 우쭐해한다면 그 경영자는 바보다. 그저 사장 기분 좋으라고 하는 말치레에 속지 말라.

099

의사결정을 할 때 고객의 입장을 고려하라. 파는 사
람보다 사는 사람의 필요가 훨씬 더 중요하다. 고객의
입장은 어떻게 알 수 있을까? 현장에서 찾을 수 있다.
현장이 모든 것을 해결해 준다. 현장에서 고객의 불만
이나 호응도를 알 수 있다. 현장에서 업무의 효율성과
문제점도 알 수 있다.

직원들의 능력과 애사심도 사장실이나 사무실보다는
현장에서 제대로 보인다. 경영자는 현장이 일터이자
놀이터가 돼야 한다. 특히 새로운 시장, 충성 고객, 조
직 내 혁신에 필요한 답은 현장에 숨어 있다. 고객 속
에 숨겨진 비밀을 들여다봐야 한다.

3

切磋琢磨

절차탁마

칼로 다듬고 줄로 쓸며
망치로 쪼고 숫돌로 간다

100

오너 기업인에게 동물적인 육감이 있다고 하는 말은
신화에 불과하다. 육감은 일종의 판단력이다. 지식,
경험, 가치관, 안목, 잡다한 상식이 바탕을 이뤄야 판
단력이 생긴다. 의사결정의 본질은 불확실성에 있다.
지금 생활하면서 불편한 것을 개선하려고 노력하라.
다양한 정보와 경험을 축적하라.

101

협상의 원칙을 기억하라.

안달 난 것처럼 초조해 보이면 상대방은 기선을 잡았다고 생각하고 무리한 요구를 하기 마련이다. 반대로 똑똑하고 잘난 사람처럼 보이면 상대방은 경계한다. 협상에서는 일단 목표를 높게 정하고 상대의 의사결정 과정을 파악하라. 상대방이 "노"라고 할 때가 협상의 시작이다.

102

당신의 집무실 책꽂이에는 어떤 책이 있는가?

세계적 기업인들 가운데 독서에 열중하는 이들이 의외로 많다. 기업의 혁신과 창조는 그 회사 CEO의 서재에서 움튼다. 탁월한 경영자들은 그곳에서 인문학적 상상력을 더해 남다른 지도자가 된다.

학벌이 높지 않은 기업인도 많다. 그러나 그들의 대부분은 책벌레인 경우가 많다. 늘 듣고 배우고 보는 것이 기업인의 기본이다.

103

인생에는 정답이 없다. 때로는 바보처럼 사는 게 정답이 될 수 있다. 똑똑한 사람만이 세상을 만드는 것이 아니다.

바보는 후회 없이 삶을 즐긴다.
바보는 배짱이 있다.
바보에게는 감동의 이야기가 있다.
바보는 비판하지 않고 행동한다.
바보는 사회를 위해 끝없이 베푼다.
바보는 세상이 꿈을 좌절시키려고 하면 강하게 반항한다.
바보는 남을 탓하지 않는다.
바보는 '모든 책임은 나에게 있다'라며 반성한다.

104

벤치마킹과 모방만으로는 선도 기업이 되기 어렵다.
만일 시류를 잘 만나 그렇게 되었더라도 성공의 도취
와 창의력의 부재로 몰락의 길에 접어들 수 있다.

105

조직의 피로는 연봉 인상과 회식만으로는 풀 수 없다. 최고경영자와 조직의 변화, 그리고 새로운 비전을 제시하면서 조직의 피로를 씻어야 한다.

조직은 단순한 물리적 보상이나 일시적인 이벤트로는 진정한 활력을 찾을 수 없다. 핵심은 비전의 공유와 변화에 대한 동기 부여다. 경영자는 새로운 목표를 제시하고, 직원들이 그 목표에 열정을 쏟을 수 있도록 이끄는 리더십을 발휘해야 한다.

106

성자(聖者)는
시장의 승자(勝者)가 될 수 없다.
그러나 시장의 승자는
자선을 통해 성자가 될 수 있다.

107

실패는 성공의 한 부분이다.

고난은 경영의 한 부분이다.

실패와 고난을 두려워하지 말라.

난관을 정확히 예견한다면 누구나 일에 착수하지
않는다.

아프고 나서 아이가 성장하듯 현재의 난제를 풀면
성공이 기다리고 있다.

108

통찰력을 가진 경영자가 미래를 리드한다. 통찰력이란 현상 이면의 보이지 않는 진실과 핵심을 꿰뚫어 보는 힘이다. 통찰력은 문제점을 찾아내는 것에서 시작한다. 통찰력은 의지를 가지고 끊임없이 노력할 때, 즉 공부와 훈련을 통해 키워진다.

109

지식은 많을수록 좋고, 몸은 건강할수록 좋다. 그러나 돈은 불편하지 않을 정도만 있으면 되고, 권력은 부당하게 당하지 않을 정도만 있으면 되고, 명예는 남에게 무시당하지 않을 만큼만 있으면 된다. 지식과 건강은 삶의 질을 높여 주지만, 돈과 권력, 명예는 지나치게 추구하면 오히려 마음을 무겁게 한다.

중요한 것은 자신이 진정 원하는 것을 알고, 그것에 집중하는 것이다. 과도한 욕심을 버리고, 필요한 것만 적당히 가지며 살아가는 것이 가장 평화로운 삶이다.

110

경영도 일종의 전쟁이다. 전쟁이든 경영이든 목표는 승리다. 승리하려면 먼저 인간을 탐구해야 한다. 경영은 직원의 마음을 사는 것이며, 시장은 소비자의 마음을 움직여 상품과 서비스를 파는 곳이다.

직원은 보통 낮은 급여, 나쁜 근무 환경, 불공평한 대우, 상사와의 갈등으로 직장을 떠난다.

따뜻하게 대해 주되 리더의 카리스마를 잃지 말라.

111

매너는 배려에서 시작된다. 남을 위한 마음 씀씀이가 매너이다. 매너는 상대방의 마음을 여는 열쇠다. 매너는 그 사람의 실력이다. '매너 있는 사람'은 '매력 있는 사람'과 같다.

매력이 있어야 유혹할 수 있다. 매력이 있어야 팔린다. 매력이 있으면 상대를 힘으로 이기지 않고도 자기 편으로 만들 수 있다. 기업은 고객에게, 경영자는 직원에게 쉼 없이 매력을 발산해야 한다.

112

기업이 살아남기 위해 경영자가 갖추어야 할 최소한의 조건이 있다. 직원들이 주인의식을 갖게 하라. 이익에 반하는 불필요한 것은 미련 없이 버리라. 오기를 부리지 말라.

최종 목표는 이익이라는 사실을 잊지 말라. 모든 것을 끝까지 책임지라. 위기는 자만하는 사람의 빈틈을 노린다는 것을 잊지 말라. 경영자의 자만과 방심에서 위기가 시작된다. 현실 안주는 곧 죽음이다. 항상 내일을 위해 도전하라.

113

살아 있는 기업을 만드는 첫째 조건은 이익이 안 되는 것, 조직에 방해가 되는 것은 잘라내는 것이다. 도움이 안 되는 행위는 과감히 걷어차라. 동정이나 체면, 남의 시선을 신경 쓰지 말라. 남은 나에게 그다지 관심 없다. 망하고 나면 무능하다는 비난과 함께 처참함만 남는다.

114

창의성은 지능지수와 상관없다.

암흑 속에서 거대한 벽에 부딪혔을 때 반드시 그 벽을 넘고 말겠다는 도전 의식과 자기 투쟁의 과정에서 길어 올릴 수 있는 인간의 고유한 성질이다. 다양한 문화와 생활방식과 지식이 융합하는 그곳이 창의성의 발상지고, 중심지다.

쓸데없는 걱정으로 시간을 낭비하지 말라. 캐나다의 유명한 작가 어니 J. 젤린스키는 《모르고 사는 즐거움》에서 "걱정의 40%는 절대 현실에서 발생하지 않는 일, 30%는 이미 일어난 일, 22%는 무시해도 괜찮은 일, 4%는 사람의 도리로 어떻게 할 수 없는 일이다"라고 말했다. 쓸모 있는 구상으로 미래를 준비하는 게 경영자다.

116

목표가 있어야 움직인다.

미국의 철강 재벌 앤드루 카네기는 직원들을 교육할 때마다 자신의 목표를 종이에 적어 다니는지 물었다고 한다. 미국의 배우 짐 캐리는 무명일 때부터 자기 목표를 종이에 적어 지갑에 넣어 다녔다고 한다.

117

빌어먹지 말고 배워 먹으라. 책에서 배우라. 남에 의해 흔들리지 않는 배짱을 가지라.

배움은 스스로를 강하게 만드는 가장 확실한 방법이다. 책을 통해 얻은 지식은 다른 사람의 시선에 흔들리지 않도록 내 중심을 잡아 준다. 진정한 강자는 외부의 소음에 귀 기울이지 않고, 자신의 길을 묵묵히 걸어간다.

118

문제가 발생하면 흠을 찾지 말고, 해결책을 찾으라. 문제가 생겼을 때 우아함을 잃지 않는 게 용기다. 문제를 해결하는 과정에서 우아함을 잃지 않는 것은 용기의 표현일 뿐 아니라, 신뢰를 구축하는 핵심 요소다.

냉철하게 상황을 분석하고, 모두에게 유익한 방향을 찾으라.

119

궁즉통(窮則通)을 기억하라.
극한의 상황에 이르면 통하게 되어 있다.
극단의 상황에 이르면 도리어
해결할 방법이 생긴다.
하늘이 무너져도 솟아날 구멍이 있다.
사람 죽으란 법 없다.

120

경영자는 혼자 있는 시간을 관리할 줄 알아야 한다.
외롭다고 사람들을 자주 만나면 경영에 집중할 수
없다. 직원들과 너무 많은 시간을 보내면 판단력이
흐려진다. 직원들은 윗사람과 노는 게 즐겁지 않다.
혼술, 혼밥, 혼골 등 혼자 노는 데 익숙해져야 한다.
경영자는 외로운 직업이다.

121

리더는 공정해야 한다. 공정성이 무너지면 조직은 분열한다. 내부 분열은 호랑이보다 무섭다.

누구에게나 똑같은 기회를 주고 투명한 과정을 거쳐서 모두가 공감하는 결과가 나와야 한다. 모든 결정은 투명하고 명확한 기준을 바탕으로 내려져야 한다. 공정함이 유지될 때, 조직의 결속력은 더욱 강화된다.

122

창의력도 훈련으로 개발할 수 있다. 많은 정보를 습득하라. 정보를 기록과 사진으로 남기라. 그 정보들을 서로 연결해서 새로운 개념으로 정립하라. 그 개념을 확장해 현장에 적용하라. 실패를 거듭하면서 새로운 창조물이 만들어진다. 호기심과 질문으로 시작된 창의력이 시대와 맞아떨어지면 큰 성공을 맛볼 수 있다.

123

'열린 사장실'은 얼핏 보면 좋은 취지 같다.

직원들이 언제든지 사장실을 방문할 수 있다면 소통이 잘되는 회사라고 할 수 있다. 그러나 사장실이 아닌 현장에서 사장이 직원들을 만나는 게 더 바람직하다. 회사가 어떻게 돌아가는지를 알기 위해 사장은 사장실 밖으로 나와야 한다. 직원들에게 듣고 간접적으로 파악하지 말고, 직접 눈으로 현장을 보고 파악하라.

현장에서 소통하라.

124

의사의 말을 듣지 않고 자기 상태를 제멋대로 판단하는 환자는 최고의 명의라도 고칠 수 없다. 진정한 리더는 자신의 문제를 정확히 인식한다. 겸허하게 몸을 낮추고, 전문가를 찾는다. 리더는 기업이 올바른 방향으로 잘 가고 있는지, 고칠 점은 없는지를 항상 전문가와 상의해야 한다.

경영자는 기업 경영에 필요한 정보를 최대한 많이 습득하는 것이 좋다. 소비자 트렌드, 소비자 목소리, 정부 정책, 세계 기업 소식, 경쟁자 동향, 타 기업의 성공 전략, 유통 트렌드, 광고계 흐름, 내부 직원 이야기, 경영에 관한 석학들의 생각, 신사업 발굴 정보, 고용 시장, 금융 및 외환 정보, 국가 경제 전망 등….

그러나 이러한 정보가 있어도 자신에게 유리한 쪽으로만 해석하면 오히려 독이 될 수 있다. 정보를 분석할 때는 객관적이어야 한다. 맹목적인 추종은 반드시 실패로 이어진다. 정확하게 확인하고, 회사에 맞게 수정하고 보완하라.

126

전문가의 말을 참고는 하되 맹신하지는 말라. 맹신하면 올바른 판단의 스위치가 꺼진다. 지나치게 자신감 있는 전문가보다 오히려 현장 직원에게서 해답을 찾을 수도 있다.

127

쉽게 돈을 번다면 오히려 부끄러워해야 한다.

돈은 고통, 인내, 노력의 결과다.

돈을 따라가지 말라.

돈을 세지도 말라.

그럴 시간에 창조적이고 혁신적으로 일을 하라.

돈은 일하면서 생기는 부산물이다.

근면에 대한 보답이다.

128

돈과 권력, 명예를 다 가질 수는 없다.

재물이든 권력이든 본인이 감당할 수 없을 만큼 소유했다면 화를 불러온다.

경주 최 부잣집은 "과거를 보되, 진사 이상은 하지 말라. 재산은 만 석 이상 모으지 말라. 흉년에는 재산을 늘리지 말라"라고 가르쳤다.

부와 권력이 자기 그릇에 넘치면 독이 된다.

129

능력보다 바쁘면 실수한다. 필요한 일에만 집중하라.
쓸데없는 데 시간을 낭비하지 말라. 은퇴한 백수가
더 바쁘다는 이야기가 있다. 의미 없는 일에 시간을
보내기 때문이다. 내가 하는 일의 의미를 생각하라.

130

사업에서 자비심은 좋은 덕목이 아니다. 연민은 금물이다. 경영을 책임진 사람은 때로 비정해야 한다. '사람 ○○○'과 '경영자 ○○○'은 다를 수 있다. 결과가 좋은 비정한 경영자는 이해할 수 있지만, 인정은 많으나 사업에 실패한 경영자는 그저 망한 기업가다.

비정한 경영자가 결과도 없고, 사생활까지 나쁘면 최악이다.

직원 문제에는 단호해야 한다. 나쁜 직원 하나가 회사를 망칠 수 있다. 개선될 여지가 없는 직원이라면 빨리 내보내라.

'그래도 회사에 오래 다녔는데….'

'일은 열심히 하는 편인데….'

'사람은 좋은데….'

'앞으로 좋아질 가능성도 있지 않나?'

그런 미련은 두지 말라.

132

가족 기업에는 천국과 지옥이 함께 있다. 가족 회사는 가족이기에 해고하기 힘들다. 해고할 수 없는 사람끼리 싸우니 갈 데까지 간 뒤 회사가 망해야 싸움이 끝난다. 가족이 똑똑하지 못하면 싸움을 부추기는 훼방꾼이 나타난다. 직원, 친구, 공무원, 거래처 사장, 먼 친척 등 모두 훼방꾼이 될 수 있다. 불구경, 싸움 구경, 회사 망하는 구경처럼 재미난 게 없다.

건강한 가족 기업을 위해 가족헌장을 만들고 지키라. 가족위원회의 행위와 규범, 정보의 공유, 권리와 의무, 가족 임원의 퇴임과 정년, 가족 주주들의 지분 매입과 주식 처분, 가족 구성원의 고용·평가·보수, 후계자 지명 규칙 등이 가족헌장에 명시되어야 한다.

133

Try and Error.

교육을 통해서 실력을 쌓고, 도전을 통해 성장한다. 무모한 도전이라면 빨리 수정하고 포기하라. 남이 포기하라고 충고할 때는 이미 망하기 직전이다. 경영은 신중하면서도 과감한 도전이다. 그래서 경영이 어렵다. 자유로운 생각과 행동이 도전을 만든다. 도전해 보아야 운이 있는지 없는지 안다. 결국, 비즈니스는 준비된 도박이다.

134

경험에서 배우되 매몰되지는 말라. 기존의 낡은 지식을 버리는 탈학습(unlearning)이 필요하다. 고정관념은 부정적 산물을 낳는다. 기업도 성장통을 겪는다. 새 술은 새 부대에 담자.

성공적인 기업은 과거의 방식을 고수하기보다는, 끊임없이 변화하고 혁신하는 데 집중한다. 고정된 사고방식에 갇히지 말고, 변화를 받아들이라.

135

최고경영자는 청렴해야 한다.

미국 경제학의 거장 조지프 슘페터는 기업가 정신에서 윤리가 필수적이라고 말했다. 미국의 다국적 기업인 엔론, 월드콤의 회계 부정 사건은 윤리 경영에 관한 관심을 높였다. 기업 윤리가 올바로 확립되기 위해서는 투명해야 한다. 돈을 벌고 쓰는 과정이 투명해야 개인의 비리가 개입할 여지를 없앨 수 있다.

136

경영자는 역경을 헤쳐 나갈 수 있도록 독립적으로 사고하고 감정적으로 한결같아야 한다. 주변 상황에 예민한 통찰력도 갖춰야 한다. 주변의 변화와 신호를 놓치지 않는 통찰력을 바탕으로 미래를 예측하고, 조직을 올바른 방향으로 이끌어야 한다.

견제 없는 경영이 기업을 망친다. 최고경영자에게 견제 장치가 없다면 명예심, 자존심, 개인적 욕심 등으로 무리하게 사업을 확장하다가 위험에 직면할 수 있다. 반대 의견이 있다면 존중하라.

엔론(Enron)은 견제 없는 경영이 어떻게 기업을 망치는지 보여 주었다. 엔론은 미국의 에너지 회사로 빠르게 성장하며 막대한 부를 축적했다. 그러나 회사 내부에서는 경영진의 비리를 눈감고, 회사의 재무 상태를 실제와 다르게 보고하면서 부실 경영이 이어졌다. 엔론의 최고 경영진은 자신들의 이익을 위해 회사의 회계 장부를 조작하며 위험한 금융 거래를 숨겼지만 아무도 이를 제대로 견제하지 않았다. 결국, 2001년 회사의 부도와 회계 스캔들이 드러나면서 엔론은 파산했다.

138

진정한 리더는
사람을 부리지 않고 사로잡는다.
부리는 것은 권력이고,
사로잡는 것은 매력이다.
인간은 신념과 의지가 있기에
절대로 힘과 논리로 다룰 수 없다.

잘할 수 있는 핵심 사업에 집중하라. 자기 분야에 전문가가 되라. 그 분야에서 최고가 되라. 단점을 고치려고 노력하지 말라. 고쳐 봐야 중간이 되기도 힘들다. 오히려 장점에 집중해서 단점을 덮으라.

하고 싶은 것과 잘할 수 있는 것은 다르다. 하고 싶은 것은 취미로 즐기고, 잘할 수 있는 분야에 집중하라. 비핵심 사업을 정리하라.

140

경영자라면 경험을 글로 남겨야 한다.

현장의 생생한 경험을 후배 경영자에게 알려 주는 것이 전임자의 책무다. 글을 쓰면 자기 생각을 정리하게 된다. 정리된 글이 쌓여 가치관이 되고, 행동 철학이 된다. 나는 매일 글을 쓰면서 회사의 구석구석을 생각한다. 경영자의 글은 그의 품위를 대변한다. 말로 소리치는 경영자보다 글로 자기의 뜻을 전하는 경영자가 훨씬 품위 있다.

141

거절당하는 수모를 이겨 내야 성공한다. 수모와 수치 없이 정상에 오르기 어렵다. 필요하다면 끈기 있게 요청하라. 요청이 받아들여지면 고마움을 표시하라. 그러나 부탁은 거절할 줄 알아야 한다. 냉정해야 한다.

"누군가 우리 제안을 받아들이면
아주 고맙고 영광스러운 일이고,
거절하면 당연하다고 생각하라.
거절당하는 것이 두려워 도전하지 않느니
계속 도전해 보는 것이 훨씬 낫다.
아무것도 하지 않으면
아무것도 이룰 수 없지 않겠는가."
-마윈(알리바바 창업자)

142

하버드 경영대학원의 란제이 굴라니 교수는 "오늘날 기업 생존의 비밀은 회복탄력성(Resilience)이다"라고 말했다. 기업은 성장과 위기를 반복하면서 성장해 나간다.

경영자는 짓밟혀도 다시 일어나는 잡초 같은 생존력이 있어야 한다. 유능한 경영자는 위기를 기회로 삼는 포착 능력과 회복탄력성이 뛰어나다. 페달을 밟지 않으면 자전거는 넘어진다. 기업도 넘어지지 않기 위해 혁신과 도전이라는 페달을 계속 밟아야 한다.

143

기업과 사람을 경영하려면

전문성을 높이기 위한 학습 마인드,

다양한 정보를 정리하는 통합 마인드,

새로운 질문을 던지는 창의적 마인드,

인간의 다양성을 인정하는 존중 마인드,

시민의 책임을 다하는 윤리적 마인드가 필수다.

144

경영은 돈과 사람 관리다. 경영자는 사람 고생과 돈 고생을 평생 각오해야 한다.

좋은 사람을 뽑는 것이 경영의 시작이다. 믿었던 직원의 배신, 공들여 키운 직원의 사직 등 인간이기에 당할 수 있는 아픔이 있기 마련이다. 그래도 인재 확보를 위해 끊임없이 노력해야 한다.

챔피언은 언젠가 도전자에게 챔피언 벨트를 물려준
다. 그러나 인생에서는 영원한 챔피언이 될 수 있다.
승리할수록 고독하고, 가진 게 많으면 잃을 것도 많
다. 욕심을 줄이고, 겸손하고, 검소하고, 자신을 통제
함으로 훌륭한 인격자가 되라. 진짜 인생은 승리를
거둔 후 링에서 내려올 때 시작된다.

4

急於星火

급어성화

별처럼 매우 급하고 빠르다

146

큰 것이 작은 것을 잡아먹던 시대에서 빠른 것이 느린 것을 잡아먹는 시대가 되었다.

지금은 타이밍 싸움이다. 덩치가 큰 공룡은 지구상에서 사라졌으나 작은 개미와 지렁이는 지금까지 존재한다. 시대의 흐름에 따라 빨리 변할 수 있는 규모라야 생존한다.

회사의 군살을 빼라. 쓸데없는 보고서와 업무로 낭비되는 시간과 노동력은 없는지, 불필요한 기자재와 시설이 없는지를 매일 살피라. 한꺼번에 회사의 군살을 빼서 시끄럽게 하지 말라. 저항이 심해 오히려 위기에 직면한다. 조용히 수시로 하는 게 좋다.

147

내가 강하지 않으면 끊임없이 짓밟힌다. 비즈니스 세계는 총탄이 빗발치는 전쟁터다. 관계는 갈등하기 마련이며 어제의 동지는 오늘의 적이 된다.

반목을 두려워하지 말라. 적이 없다는 것은 자랑이 아니다. 존경받는 대상이 되지 못하면 차라리 두려움의 대상이 되라.

148

사자는 일생 사자로 살고, 코끼리는 일생 코끼리로 살지만, 기업은 변해야 산다. 건설업을 하던 기업이 시대의 흐름을 읽고, 반도체 사업으로 변신하듯이 과감하게 변해야 한다. 어떤 것도 붙였다 뗐다 융합할 수 있어야 한다. 필요하다면 이종 접합도 해야 한다.

149

자본주의의 운명은 창조적 파괴다. 현실 안주는 그 자체가 부실이다. 혁신과 도전이 없는 기업은 미래가 없다. 기존 규칙을 버리고 새 규칙을 만들라. 새로운 길을 열라.

150

수많은 기업 중 빠른 놈(의사 결정), 똑똑한 놈(혁신),
공격적인 놈(투자)이 큰불이 됐다. 기업인에게 있어 결
과를 두려워하여 도전하지 않는 것은 악이며 행동하
지 않는 것은 죄다.

성공적인 기업은 두려움을 이겨 내고 빠르게 결정하
며, 지속적으로 혁신을 추구한다. 아무리 큰 도전이라
도, 주저하지 않고 실행에 옮길 때 비로소 새로운 기
회를 잡을 수 있다. 결과가 두려워 아무것도 하지 않
는다면, 결국 그 기업은 경쟁에서 뒤처지게 된다.

151

최고경영자가 되고 싶다면 최고경영자처럼 생각하고
행동하라.

결단력은 성공한 사람들의 공통적인 능력이다. 겁쟁
이들은 일을 질질 끄는 경향이 있다. 그들은 경영자가
될 수 없다. 의사결정의 본질은 불확실성에 있다. 복
잡할수록 단순하게 정리하라.

152

직원의 변심에 마음 아파하지 말라.
그럴 시간에
고객을 어떻게 만족하게 할지 고민하라.
고객의 불편을 해소할 수 있는 제품을 만들다 보면
어느새 성공 가도를 달리고 있다.

시대의 변화에 따라 기업에 대한 기본 생각도 변하고
있다. 과거에는 기업을 창업하면, 오로지 처음의 업에
몰두하여 가업으로 이어졌다. 지금은 기업을 상품처
럼 팔고 사기도 한다. 아예 처음부터 팔 목적으로 회
사를 창업하기도 한다. 창업이든 인수합병이든 어떤
것이 정답인지는 상황에 따라 다르다. 어떤 기업은 창
업을 통해 성장했으며 어떤 기업은 인수합병의 길을
걸었다.

154

기업의 최대 과제는 이익을 통한 장수 경영이다. 기업의 지속 가능한 경영은 회사의 지배구조와 밀접한 관계가 있다. 즉 오너 경영이냐, 전문 경영이냐의 문제다. 오너 경영은 오너 일가에 유능한 경영자가 있을 때 가능하다. 똑똑한 가족 경영자가 있는 경우 오너 기업은 강력한 리더십으로 빠른 변신을 통해 장수 기업으로 존속할 수 있다. 그러나 가족 중에 유능한 경영자가 없다면 전문 경영인 체제로 갈 수밖에 없다.

환경의 변화는 인생에서 조석으로 일어나는 흔한 현
상이다. 잘나갈 때도 있고 못 나갈 때도 있다. 그저 주
어진 삶을 열심히 살면 된다. 보통 각 분야에서 일등
한 사람에게 성공했다고 말한다. 그러나 성공한 사람
도 많은 실패를 거쳐 그 자리에 오른 것이다. 성공은
이처럼 실패를 안고 간다. 또 성공했어도 또 다른 위험
이 기다리고 있는 것이 인생이다. 일등, 인기, 남의 시
선 등 부질없는 것에 얽매이지 말라.

156

과거에는 돈 벌겠다는 욕심으로 사업을 했다면 앞으로는 인류를 위해 편리한 기술과 시스템도 함께 선물해야 한다. 애플, 테슬라, 아마존, 넥플릭스, 구글 등을 참고할 필요가 있다.

경제적 성공을 추구하는 것은 자연스러운 과정이다. 하지만 현대 사회는 기업에게 그 이상의 가치를 요구한다. 예를 들어, 환경을 보호하는 기술, 소외된 계층을 돕는 시스템, 삶을 더 편리하게 만드는 서비스는 인류의 삶을 풍요롭게 만든다.

157

자본가 시대는 갔다. 자본가의 역할을 펀드가 대신하고 있다. 유능한 전문가에게는 펀딩이라는 든든한 후원자가 있다. 이제 자본이 없어도 사업을 할 수 있다. 투자자들의 마음을 사는 전문가가 먼저 되라.

158

젊을 때는 생존과 삶을 위해 전문지식을 공부했다면 나이가 들어서는 건강한 삶과 지혜를 터득하기 위해 공부해야 한다. 나이가 들수록 공부하고 배우라.

배우는 일은 삶의 활력을 불어넣는 중요한 열쇠가 된다. 배우기를 멈추지 않는 사람은 호기심과 성장의 즐거움을 잃지 않는다. 배움은 지속적인 여정이다. 나이가 들수록 배움의 가치는 더욱 빛난다.

소유 개념이 아닌 경영 개념으로 기업을 운영해야 한다. 소유하려고 하면 장수 경영에 실패한다. 기업은 환경 변화에 민감한 생물이기에 소유할 수 없다. 일정 기간 책임지고 운영 관리를 할 뿐이다. 한 번의 성공에 만족하는 기업인은 장사꾼에 불과하다. 기업인은 크고 작은 성공을 이어가며 오래가는 기업으로 만들어야 한다.

160

컬러풀한 스웨터로 유명세를 탔던 베네통은 왜 추억의 브랜드로 전락했는가? 경영자가 지나치게 보수적인 길을 걷고 개방과 혁신에 실패했기 때문이다. 베네통은 빠르게 변화하는 시장 트렌드를 따라잡지 못했다. 패션 시장의 큰손으로 등장한 젊은 세대들은 저렴한 가격에 패스트푸드처럼 빠른 패스트패션에 열광했다. 하지만 베네통은 이를 간파하지 못했다. 그 결과 자라, H&M 등 패스트패션 업체들에게 자리를 빼앗겼다.

일부 공기업을 '신의 직장'이라고들 한다. 고용 안정성이 보장되며 월급도 많기 때문이다. 그러나 신의 직장은 없다. 회사가 직원에게 해줄 수 있는 최고의 복지는 생활 보장과 자기 계발 교육이다. 자기 계발에 게으른 사람일수록 월급 타령을 하고 불평한다. 편하고 월급 많은 회사가 좋은 회사가 아니다. 기회를 많이 주는 회사가 좋은 회사다.

162

먹고사는 것이 해결된 지금은 땀 흘리는 노동의 시대가 아니라 지적 노동의 시대다. 인재 제일주의로 바뀌었다. 고로 한 분야의 전문가가 되라. 전문가는 단순히 경험이 많은 사람이 아니라, 지식과 기술을 깊이 이해하고, 끊임없이 발전하는 사람이다.

163

'몰입 상승의 함정'이라는 경영학 용어가 있다. 초기의 잘못을 알고서도 대안을 찾지 못해 실패하는 경우를 말한다. 경영자는 '이 길이 아니다'라고 느낄 때 빨리 빠져나오는 결단력이 필요하다. 못 빠져나오고 허우적대는 이유는 과대한 자신감, 아까운 함몰비용, 강한 자기 합리화, 부정적 결과에 대한 부담감, 끝을 보려는 막장 효과, 비싼 퇴출 비용 등이다. 무모함과 끈기를 구분하지 못하는 경영자는 본인은 물론 주위 사람들까지 힘들게 한다.

역사가 승자의 전유물이듯 경영자는 이익으로 모든 것을 평가받는다. 아니라고 생각되면 뒤돌아보지 말라.

164

고객은 갈대다. 그들의 겉과 속은 다르다. 액면 그대로 믿지 말라. 상품을 사는 정당성, 즉 가치를 주지 못하면 그들은 미련 없이 떠난다. 고객의 말보다 마음을 읽으라. 그들의 이야기를 경청하고, 주의 깊게 관찰할 때 속마음을 읽을 수 있다. 고객의 불편함을 찾아서 거기에 실용성과 디자인을 입히라.

직원들은 경영자가 결정을 자주 바꾸면 불만이 생긴다. 결정이 바뀌면 일이 달라지고 많아지기 때문이다. 그러나 경영자의 번복은 어쩔 수 없는 일이다. 경영자는 시시각각 변하는 기업 환경, 변덕스러운 고객들의 마음, 길거리 다방처럼 들락날락하는 직원들의 이동 등 온갖 변수에서 살아남아야 한다. 경영자는 매 경기에서 승리하기 위해 작전을 지시하는 감독과 같다. 기회나 위기에서 작전도 없이 팔짱만 끼고 있다면 그는 무능한 감독이다. 마찬가지로 상황이 바뀌었는데도, 이미 내린 결정이라며 무작정 밀고 간다면 무능한 경영자다. 이것을 '변덕'이 아닌 상황에 대처하는 '작전'으로 이해해야 한다.

166

예측과 분석이 틀렸다면 바로 고치라. 기회가 있을 때 고치라. 회사가 망하면 고칠 기회마저 없다. 의사결정은 분석의 영역이 아니라 행동의 영역이다. 불확실한 상황에서 내린 결정이 잘못되었을 때는 주위의 비판을 무시하고 결정을 수정하는 배짱과 용기가 있어야 한다.

167

지금은 1인 미디어 시대다.
모든 대화는 항시 녹음, 촬영될 수 있다고 생각하라.
여기에서 경영이 끝날 수 있다.
회사에 대한 소문은 직원에서부터 나온다.
직원부터 챙기고 단속하라.

168

역사를 보면 도전하는 민족이 생존했다. 살기 위해서 도전하고, 성취감에 도전한다. 결국, 도전의 연속이다. 회사에서 도전은 살아남기 위한 몸부림이다. 좌표를 설정하는 것은 최고경영자의 몫이다. 도전 좌표를 올바르게 설정하기 위해 경영자는 시대를 읽는 공부를 해야 한다.

실패는 오만에서 시작된다. 오만하면 눈과 귀가 먼다. 과거의 성공만 믿고 잘 모르는 분야에 준비 없이 욕심만으로 뛰어들다가는 실패하게 된다.

또한, 리더의 오만으로 똑똑한 직원을 키우지 못해 실패하기도 한다. 오만한 사장에게는 아첨하는 직원만 모이기 마련이다. 이들은 자기 잇속만 챙기려고 하기에 기업의 실패는 더욱 가속화된다.

170

신상품은 관찰에서 태어난다. 회사의 문제점도 관찰을 통해 해결할 수 있다. 특히 서비스업은 데이터나 회의보다는 관찰을 통해 문제점을 찾아야 한다. 호기심을 갖고 끈기 있게 관찰하고, 거기서 모순을 발견하고, 그 모순을 내장된 지식과 연결할 때 통찰이 생긴다.

장난감 회사인 레고는 회사가 어려워졌을 때 간부가 직접 매장에 나가 소비자를 관찰하면서 돌파구를 찾았다. 가구 회사인 이케아도 디자이너들이 직접 가정집을 방문해 주부들과 같이 문제점을 발견하고 디자인 콘셉트를 잡았다.

171

'역전 인생'은 성공을 방해하는 약점을 극복할 때 이루어진다. 파나소닉 그룹의 창업자 마쓰시타 고노스케는 자신의 약점을 보완했다. 그는 가난하고 허약하고 못 배운 것을 불행이 아닌 은혜라고 말했다. 가난했기 때문에 부지런했고 허약했기 때문에 몸을 아끼며 건강관리에 힘썼고 배움이 모자랐기 때문에 세상의 모든 사람을 스승으로 받들 수 있었다. 자신의 약점을 강점으로 바꿀 수 있었기 때문에 그는 성공했다.

172

우리는 문제가 생기면 과거의 지식이나 경험으로 해결하려고 한다. 그러나 과거의 해결책은 과거에만 통할 때가 많다. 고정관념을 깨야 한다. 사고의 틀을 깨라.

새로운 문제는 새로운 접근을 요구한다. 기존의 방법에 갇히지 말고, 창의적이고 혁신적인 해결책을 찾아야 한다. 고정관념을 벗어나지 않으면, 계속해서 같은 문제에 부딪히게 될 뿐이다.

외부로부터 얻는 통찰력이 필요하다.지금까지 보지 못했던 것, 듣지 못했던 것, 경험하지 못했던 것을 찾아 매일 새롭게 밖으로 시선을 돌려야 한다.

경쟁사뿐 아니라 우리 업과는 전혀 상관없는 데서도 영감을 얻을 수 있다. 익숙함을 버리고 매일 낯설게 하라. 새로운 것을 즐기라. 새로운 사업을 벌여야 새 사람을 만난다. 새 지식, 새 정보, 새 사람, 새 사업에 도전하는 것을 두려워하지 말라.

174

최고의 아이디어는 책상이 아닌 화장실, 지하철 같은 의외의 공간에서 나온다. 보랏빛 소를 만드는 공간이다. 보라빛 소는 마케팅으로 유명한 미국의 세스 고딘이 말한 개념이다. 일반적인 것과는 다르고 돋보이는 제품이나 서비스다. 소비자의 호기심을 자극하고 기억에 남게 한다.

"리마커블한 제품을 창조하고
그런 제품을 열망하는 소수를 공략하라."
- 세스 고딘

직원들에게 '나처럼' 열심히 일하라고 요구하지 말라. 나보다 똑똑하면 내 밑에서 일하지 않는다. 지시하지 말고 협조를 구하라.

우리에게는 '신바람 문화'가 있다. 신이 나면 무섭게 일한다. 아랫사람이 윗사람을 좋아해야 신바람이 난다. 윗사람은 진심으로 아랫사람을 대해야 한다. 잔소리나 하고, 우유부단하고 정직하지 못한 상사를 좋아하는 부하직원은 없다.

176

디지털 시대의 경영자는 빠르게 배우고, 과감히 버리는 능력이 있어야 한다. 사업 수명이 짧은 디지털 시대에는 간소함, 신속함, 유연성이 생명이다. 속도를 내려면 군살을 빼라. 이기려면 배우고 적응하라. 가장 강한 기업, 가장 똑똑한 기업이 살아남는 게 아니다. 가장 적응력이 뛰어난 기업이 살아남는다.

『좋은 기업을 넘어 위대한 기업으로(Good to Great)』라
는 책을 쓴 스탠퍼드대학 짐 콜린스 교수는 말한다.
"양자택일의 경영 시대는 끝났다. 이제 상호배타적이
고 모순적 특징들이 조화를 이루면서 동시에 공존하
게 할 수 있는 양손잡이 경영 시대가 도래했다."
양손잡이 경영이 필요하다. 오른손으로는 기존 사업
을 경영하면서 미래 산업을 발굴하고, 왼손으로는 구
조조정과 경비 절감, 인재 발굴을 게을리하지 않아야
한다. 경영은 사람으로 시작해서 사람으로 끝나기에
인재 영입은 굉장히 중요하다.

178

'장고 끝에 악수'라는 말이 있다.

생각만 하다 보면 오히려 행동이 억제된다. 완벽한 전략은 없다. 완벽을 추구하다 보면 시기를 놓치게 된다. 민첩하게 행동에 옮기라. 공격해야 골을 넣을 수 있다.

기업의 혁신은 숨 쉬는 공기와 같아서 매일 일상적으로 하는 것이다. 항상 현재 상황을 분석하고, 문제점을 해결하고, 새로운 아이디어를 활용해서 신성장 사업을 찾아야 한다.

직원들을 기업의 전사로 만들어야 한다. 살아 있는 아이디어는 직원들이 입을 열어야 나온다.

이들이 자유롭게 의견을 말할 수 있는 분위기를 만들라. 그러려면 진솔한 소통이 있어야 한다. 소통은 직원을 위한 서비스가 아니라 경영의 필수다.

180

회의는 매우 중요하다. 하지만 피해야 할 회의도 있다. 회의의 본질에 치중하지 않고 본인의 지식을 뽐낸다든가, 회의 자료 준비에 시간과 에너지를 낭비하는 경우다.

결론 없이 흐지부지 끝나는 회의, 수직적인 회의, 목적이 불분명한 회의, 단순 정보만 공유하는 회의는 불필요하다.

181

사업가라면 잠자는 동안에도
돈이 들어오는 기업을
만들어야 한다.
세계적인 상품은
낮에는 한국에서,
밤에는 미국에서 팔린다.

182

재판에서는 진실을 다퉈야 한다. 하지만 현실에서는 이기고 지는 것만을 다툰다. 결국은 변호사 싸움이다. 나의 잘잘못을 법에 묻지 말고, 윤리와 도덕으로 해결하는 게 좋다.

그러나 살다 보면 뜻대로 되지 않는 경우가 있다. 남이 싸움을 걸어 오기도 있고, 너무 억울한 일을 당해 법에 하소연할 때도 있다.

민사 문제는 가능한 한 법정으로 가지 말고, 약간 손해를 보는 듯해도 당사자끼리 해결하는 게 좋다. 변호사의 부추김에 넘어가지 말라. 부득이 민사 재판을 해야 한다면 최고의 변호사를 고용해 이기라.

형사 재판은 무조건 피하라. 건축법이나 노동법 등은 사용자 측에 불리하다. 그러나 악법도 법이다. 최대한 법을 어기지 않도록 하라.

183

일상에서 아이디어를 찾으라.

고객을 관찰하고, 아이디어를 짜고, 시범 운영하고, 문제점을 보완해서 빨리 상품화하라. 시간을 끌다간 아이디어를 남에게 빼앗기고 타이밍을 놓친다. 시대라는 열차는 우리를 기다려 주지 않는다.

184

"가만히 있으면 중간은 간다"라는 말이 있다.

어디 가서 나대지 말고 가만히 있으면 살 수는 있다. 그러나 지금은 통하지 않는다. 중간이 사라졌다. 소비자들의 욕구가 다양해지면서 대체 불가능한 탁월함이 없으면 생존하기 힘들다. 평범하면 죽는다. 대량 생산, 대량 소비의 시대에는 평균이 중심이었지만 나노 시대에서는 최적화된 다극화 전략이 필요하다. 평균을 뛰어넘는 치열함으로 초미세 틈새시장을 노리라.

185

패배에 대한 두려움이 사라질 때 나는 강해졌다. 지지 않겠다고 생각하면 승리하지 못한다. 이기려고 싸워야 한다. 다 이겼다고 생각하는 순간 위기는 찾아온다. 승부의 결단을 내릴 때 늦추면 탈이 난다.

적을 의식하면 진다. 적이 나를 의식하게 하라. 상대가 잘해서가 아니라 내가 실수해서 지는 경우가 많다.

186

리더가 앞장서서 '가치경영'을 이끌어야 한다. 업무를 놀이처럼 즐길 때 가치경영은 성공한다. 창조적인 사람은 일을 놀이처럼 즐긴다. 일 속에서 즐거움을 찾으면 창조적 아이디어가 나온다.

뛰는 놈 위에 나는 놈이 있고, 나는 놈 위에 노는 놈이 있다. 잘 노는 놈은 창의성이 있다. 즐겁지 않으면 성공이 아니다.

187

불편한 생활을 개선할 상품을 매일 생각하라. 사람들이 더 편리하게 사용할 수 있는 것, 더 나아가 그들이 생각할 수 없는 제품과 서비스를 현실로 만들라. 그것이 틈새시장이다.

그러기 위해서 견문을 넓히라. 세계인의 생활을 배우고 받아들이라. 다양한 문화, 생활방식, 사고에서 힌트를 얻을 수 있다.

188

블루오션과 레드오션은 정해져 있지 않다. 오늘의 블루오션이 내일은 레드오션이 되고, 레드오션이라고 생각했는데, 그 틈새에 블루오션이 존재하기도 한다. 블루오션은 조직이 혁신하기 위해 여러 번 변화하는 역동성에서 만들어진다. 블루오션은 일회성이 아니라 혁신을 위한 반복적인 과정이다. 블루오션은 모방이나 경쟁이 아니라 창조와 혁신이다. 기업은 계속 변해야 한다.

'전쟁 중에는 장수를 바꾸지 않는다.' 이 말은 비즈니스 세계에서는 통하지 않는다. 성공한 경영자가 그런 말을 했다면 인기 관리 차원에서 할 수 있는 말이다. 망하고 싶으면 장수를 바꾸지 말라. 지금은 '속자생존'의 시대다. 아니다 싶으면 빠르게 바꿔야 한다.

190

파괴와 혁신만이 답이다.
계속 부수고, 없애고, 새로 만들어야 한다.
애플의 창업자 스티브 잡스는
인문학과 기술의 교차점에서
혁신이 탄생한다고 말한다.
그는 이러한 사고로 아이폰, 맥북 같은
혁신적 제품을 만들며 세상을 변화시켰다.

"창의성과 혁신은 회사의 심장과 영혼이다."
- 로버트 아이거 (디즈니 전 CEO)

191

손해가 되는 사람, 있으나마나 한 사람, 도움이 되는
사람이 있다. 나의 성공을 도와준 사람을 후하게 대
하라. 방해하는 사람을 멀리하고, 조력자를 가까이하
라. 조력자가 있다는 것은 큰 복이다. 그들을 소홀히
대하지 말고, 진심으로 고마움을 전하라. 그들이 또
나를 도울 것이고, 좋은 소문을 낼 것이다.

192

경영자는 직원 앞에서 연설할 때가 많다. 중언부언하지 말고 설득력 있게 말하라. 자신 있는 태도로 천천히 크게 말하라. 어설픈 유머나 지나친 겸손, 전문용어는 피하라. 초반에 집중력을 높이고, 마무리에 강한 여운을 남기라. 미사여구가 아닌 꾸미지 않는 솔직함이 좋다. 사례를 적절하게 들라.

193

사람과 땅에는 과감히 투자하라. 리카싱은 배짱 좋게 헐값에 나온 막대한 양의 토지와 건물을 사서 수익을 올렸고 이 자금을 바탕으로 대규모 사업을 벌여 아시아 최고의 부호가 되었다.

필요한 것이라면 길게 흥정하지 말라. 기회는 다시 돌아오지 않는다. 겸손해야 땅도 보이고 사람도 보인다. 시세보다 조금 비싸다고 무시하고, 필요한 땅은 언제든지 살 수 있다는 만용 때문에 좋은 기회를 놓친 적이 있다. 조금만 머리를 더 숙이고 사람을 붙잡았다면 더 크게 사업을 벌일 수도 있었다.

194

월급 중독에 빠지면 안 된다. 월급은 낮은 수준의 노동력에 대한 대가다. 월급만으로는 부자가 될 수 없다.
사업이든, 주식이든, 토지든, 투자하라.
그러나 운을 기대하지는 말라. 남의 말만 믿고 투자해선 안 된다. 잠자는 동안에도 돈이 불어나는 곳에 투자하라. 나는 남에게 아쉬운 소리 하기 싫어서 돈을 번다.

195

후계자를 키우지 못한 회사는 흔들린다. 미래 경영자를 키우는 것은 전임 경영자의 몫이다. 취약해진 현금 흐름과 조직의 관료주의가 회사를 망하게 할 수 있다. 조급한 마음에 외부에서 데려온 CEO들이 사태를 악화시키곤 했다. 될 수 있으면 내부에서 해결책을 찾아야 한다.

쓸데없이 일을 벌이지 말고 선택과 집중을 해야 한다.
우리는 무엇을 잘하는 회사인가?
시대는 어떻게 변해 가고 있나?
끊임없이 고민하라.

스티브 잡스는 선택과 집중이라는 전략으로 파산 직
전의 애플을 회복시켰다. 그는 방만하게 펼쳐진 프로
젝트를 정리했다. 60개에 이르는 생산 품목을 4개로
축소했다. 아이팟, 아이폰 등 히트 상품을 연이어 성공
시켜 세계적인 기업이 되었다.

197 더 이상 좋은 품질의 제품만으로
성공할 수 없다.
상상력이 큰 대접을 받는 콘텐츠의 시대다.
소통의 본질은 설득이 아니라 공감이다.
이야기는 공감을 불러일으킨다.

198

고객에게 객관적인 정보만 계속 주면 머리가 포화상태가 된다. 그러나 흥미로운 이야기를 담아 정보를 전달하면 관심을 갖는다. 이것이 이야기의 힘이다.

신화와 꿈, 이야기가 시장을 지배하는 시대다. 스토리텔러가 되어야 한다. 쇼핑백에 물건만 담아 주지 말고, 이야기를 함께 담아 주라. 이야기를 팔고 사는 시대다. 소비자는 상품 자체보다 상품에 관한 이야기에 매료된다.

더바디샵(The Body Shop)은 '화려한 것이 아름다운 것이 아니라 가장 자연스러운 것이 아름답다'라고 주장하던 아니타 로딕 창업주의 스토리텔링으로 소비자의 마음을 감동하게 했다. 영국의 러쉬(Lush)라는 화장품 브랜드는 손으로 만든 유기농 화장품이라는 스토리텔링으로 성공했다.

199

귀가 얇으면 안 된다. 통념을 저항 없이 받아들이지 말고, 의심하라. 돈을 좀 벌었다 하면 돈 냄새를 기가 막히게 맡고 몰려드는 사람들이 있다. 때로는 재벌이라고 띄워서 들뜬 기분에 돈 쓰게 하고, 때로는 구두쇠라고 험담하며 홧김에 돈 쓰게 한다.

5

安不忘危
안불망위

편안한 때에도 위태로움을 잊지 않는다

200

위기의 파도를 넘으면 기회의 파도가 있을 거라고 많은 사람이 착각한다. 하지만, 위기의 파도와 기회의 파도는 다르지 않다. 아무리 큰 파도라도 잘 올라타면 기회가 되고, 아무리 작은 파도라도 잘못 통제하면 위기가 된다.

201

코닥과 폴라로이드는 필름 시장에 함몰되어 디지털 시장을 읽지 못했다. GM과 포드는 성공에 도취해 경차 시장을 과소평가했다. 모토로라는 시장성 없는 첨단기술에 섣불리 투자했다. 엔론 그룹은 투명하지 않은 불법 경영을 했다. 이것이 그들이 실패한 원인이다.

장수 기업은 도입기-성장기-성숙기-쇠퇴기라는 S 곡선을 연속적으로 겪어 냈다. 성장할 때 다음에 올라탈 S 곡선을 준비하라. 갈아타지 못하면 죽는다.

202

대중의 관심에서 벗어나라. 성공 가도를 달리고 있다고 함부로 미디어에 나서지 말라. 많은 사람의 시기 대상이 될 필요는 없다. 언론에 자주 등장하고, 외부 초청 강연에 나가고, 자서전을 쓰다 보면 사업에 몰두할 수 없다. 잘나가던 기업이 망하는 사례를 여러 번 보았다. 될 수 있는 대로 남에게 노출하지 말고 조용히 사업하라.

203

풍요와 부패가 기업을 병들게 한다.
위기의식이 없으면 내부가 시끄러워진다.
위기 때 기업은 더 단단해진다.

"바람이 강하게 불 때야말로
연을 날리기에 가장 좋은 시기다."
- 마쓰시타 고노시케

204

하늘에 해가 없는 날에도 가게 문은 열어야 한다. 하늘에 별이 없는 날이라도, 장부에는 매상이 적혀 있어야 한다. 강물이라도 담아서 팔고, 달빛이라도 베어 팔아야 한다. 이것이 장사꾼 정신이다.

상인은 오로지 팔아야 하는 사람, 팔아서 세상을 유익하게 하는 사람이다. 만약 물건을 팔지 못한다면 가게 문에 '묘지'라고 써 붙여야 한다.

205

하루 중 가장 더운 시간은 정오 12시가 아닌 오후 2시다. 기업의 최전성기도 이미 절정을 지나 쇠퇴기의 길목에 들어선 순간이다. 성공의 빛은 패배의 그늘을 안고 있다. 성공을 경계하라. 실패의 직전 단계인 성공은 형편없는 선생이다. 좋은 날은 길지 않다. 비즈니스 세계에서는 이것을 승자의 저주라고 부른다. 겸손해야 하는 이유다.

머릿속에 1,000권의 책이 들어 있는 사람은 두려울 게 없다. 큰 뜻을 가진 조직의 리더라면 책을 많이 읽으라. 세상을 제대로 보고, 지혜롭게 판단할 수 있다. 준비가 기회를 만날 때 성공이 완성된다.

일론 머스크는 학창 시절 도서관의 책을 모조리 읽고 더는 읽을 게 없자 백과사전을 읽었다고 한다. 아마존의 제프 베이조스는 첫 사업부터 책 장사였다. 빌 게이츠는 2주간 휴가에서 독서만 하는 '생각 주간'을 40년 이상 지키고 있다. 워런 버핏은 "성공하려면 독서량을 보통 사람의 5배로 올리라."라고 말했다.

207

역사가 승리자의 기록이듯 회사는 이익의 기록이 되어야 한다. 최고경영자는 정당한 욕심을 가져야 한다. 사회 공헌, 친환경, 인간 중심 등 기업마다 좋은 말을 쏟아내지만 어떤 의미에서 이익을 내기 위한 이미지 관리다. 좋은 일도 이익이 나야 할 수 있다.

208

사업은 이익을 먹고 자란다.

재물을 보고도 이익을 취하지 않는다면 사업가가 아니다. 적자가 쌓여 회사가 망했다면 그는 그냥 실업자다. 사업가는 불이익을 참아서는 안 된다. 불이익 앞에선 얼굴에 철판을 깔고 강하게 싸워야 한다. 패배가 습관화되면 안 된다. 사람들과 좋은 관계를 유지하되 믿지는 말라. 항상 주위를 점검하라. 돈이 있는 곳에는 똥파리들이 몰려든다.

충성 고객은 없다고 생각하라. 고객은 늘 떠날 준비가 되어 있다. 서비스나 제품이 제 기능을 하지 못하는 경우, 사용하는 데 불편한 경우, 남에게 인정받지 못하는 경우, 성능보다 가격이 비싼 경우, 안전 문제로 다칠 위험이 있는 경우, 사회로부터 비난을 받는 경우, 선택하는 데 시간이 오래 걸리는 경우, 고객은 뒤도 안 돌아보고 떠난다.

210

조직에 리더가 둘이면 곤란하다. 창업자인 아버지가 경영할 때 아들은 협력할 뿐이다. '미래 경영자'라는 생각을 버려야 한다.

눈치 빠른 직원은 아들 뒤에 숨는다. 그러면 아버지 라인과 아들 라인이 생기고, 팀워크는 무너진다.

경영 수업을 받는 자녀는 인사권에 관여해서도, 관심을 가져도 안 된다. 조용히 사회와 회사를 배우고 능력을 쌓아야 한다. 능력 없는 자녀가 후계자가 될 것이라고 예상되면 좋은 직원은 회사를 떠나고, 아첨꾼들만 남는다. 무능한 후계자 주위에 쓰레기들이 몰려와 납품 청탁, 인사 청탁, 신규 사업 추진 등으로 회사를 말아먹게 된다.

수성이 창업보다 어려운 이유다.

212

인간은 언젠가는 죽는다. 정권도 언젠가는 사라진다. 그러나 꿈을 먹고 사는 기업은 죽지 않는다. 살아남는 것이 경영이다.

선우 휘 작가가 소설《노다지》에서 이야기했듯이 살아남는 것이 노다지다.

세월은 고장 나지 않는다. 내일은 반드시 온다. 내일을 어떻게 준비하느냐에 따라 죽지 않는 기업이 된다. 위대한 기업은 안주하지 않고 도전한다. 이익을 넘어 꿈을 먹고 산다.

새로운 아이디어라고 해서 다 성공하는 것은 아니다. 아이디어를 낸 사람이 사장이라면, 직원들은 그 권위에 눌려 고객들의 부정적 반응을 깊이 생각하지 않을 가능성이 크다. 또 과거 성공 신화에 빠져 이번에도 성공하리라고 쉽게 믿거나 잘못된 데이터를 맹신할 때도 실패하게 된다. 데이터를 의심하라. 왜곡된 데이터일 수 있다.

214

경영은 한마디로 '인간에 관한 것'이다. 문사철(문학, 역사, 철학)과 항상 가깝게 지내라. 경영자라면 최소한의 소양은 갖춰야 한다.

문학을 통해 사람을 배우고 역사를 통해 삶의 원리를 이해하고 철학을 통해 생각과 질문하는 방법을 터득하라. 인문학은 기업 경영의 직관, 분석, 판단력에 큰 보탬이 된다.

경영은 전략과 실천이다.

오전에는 사무실에서 회의를 통해 전략을 수립하고, 오후에는 현장에서 실천을 확인하며 다음 전략을 위한 정보를 수집한다.

좋은 전략은 현상을 객관적으로 바라보는, 균형 잡힌 눈에서 출발한다. 경영자가 편견을 갖거나 감정을 제어하지 못하면 좋은 전략을 수립할 수 없다. 다양한 시각으로 항상 배우라.

구슬이 서 말이라도 꿰어야 보배다. 생각을 조직화해서 실행 계획을 짜라. 주변 상황을 최대한 활용하고 주변의 힘을 최대한 끌어내라. 모든 네트워크를 동원하라. 계획을 실행하는 팀원들과는 충분히 대화하면서 비전과 가치관을 공유하라.

결과는 팀원들이 만들어 낸다. 성공했을 때는 즉시, 충분하게 보상하라. "다음에 보자"라는 말은 사기와 의욕을 꺾는다.

217

경영에는 종착역이 없다. 경영은 생물이고 실천이다.
통계에 따르면 대한민국 기업의 90%는 창업자 당대
에 망하고, 2세 경영에서 7%가 쓰러지고, 3세까지
넘어가는 경우는 3% 미만이라고 한다.

'지금 나의 기업은 어느 위치에 있는가?'
'미래는 어떻게 설계해야 하는가?'
항상 생각하라.

218

"산은 내게 경영의 모든 것을 가르쳐 줬다."

세계적인 경영학자 짐 콜린스가 한 말이다.

기업 경영은 암벽 등반과 같다. 기업을 이끌려면 암벽을 오르는 것처럼 끝없이 위험을 감수해야 한다. 사업을 궤도에 올려놓기 위해서는 정확한 타이밍에 과감하게 배팅해야 한다. 나는 매일 사업을 위한 큰 놀음을 하고 있다. 그저 놀기 위한 작은 놀음은 하지 않는다.

직원이 떠나는 이유는

노력에 비해 대가가 부족한 경우,

회사의 미래가 본인 생각과 다를 경우,

과중한 업무로 몸과 가정에 부담을 느낄 경우,

직장 분위기가 나쁠 경우,

상사와 갈등을 빚을 경우,

회사가 위태로울 경우 등이다.

경영자는 직원이 사직하는 이유를 알아야 한다.

220

당근과 채찍으로 사람의 행동을 바꿀 수는 있어도 사람의 마음을 바꿀 수는 없다. 보상과 벌을 제거하면 곧바로 제자리로 돌아온다. 당근과 채찍은 물질적 보상에 대한 중독성을 유발하고 눈앞의 이익만 생각하게 한다. 순수한 동기로 일하고 창의성을 발휘하게 하는 데 당근과 채찍은 한계가 있다.

221

아는 것보다 실천이 중요하다.

지금 당장 행동하라.

기업의 수명은 변신에 달려 있다.

시장의 변화에 민감하라.

안전하고 평범한 길이 가장 위험하다.

성공은 평범하기를 거부한 사람들이 가져갔다.

222

직관이란 오랜 경험, 사색, 연구를 통해 머릿속에 저장되어 있던 조각들이 어떤 실마리를 만나 새롭게 조합되는 것이다. 직관도 훈련할 수 있다. 선입관과 편견을 버리고, 남의 아이디어를 빌려와 본인의 다양한 경험을 더해 새로운 생각을 만들라.

"문화는 경험의 축적물이다. 당신이
길에서 배운 교훈들이 조직의 문화를 형성한다."
- 제프 베조스 (아마존 창립자)

223

대중이 원하는 것을 알기는 어렵다.

안다면 거짓말이다.

그냥 하고 싶은 일에 몰두하라.

힘든 일에 도전하라.

남이 하지 않는 일에 도전하라.

일을 사랑하는 사람만이 세상에 없는 상품을 만들 수 있다.

224

코끼리는 비싼 상아를 가진 탓에 목숨을 잃는다.

돈을 모으기도 힘들지만, 지키기도 힘들다.

돈 좀 있다고 자랑하지 말라.

돈 냄새를 기막히게 잘 맡는 사람들이 있다.

돈 주위에는 온갖 잡놈들이 모여들어 교묘한 수법으로 돈을 빼앗아 간다.

225

개인의 소비와 회사의 비용은 손톱과 같아서 항상 잘라야 한다. 경영자가 검소해야 회사의 비용을 줄인다.

과소비를 경계하라. 분수에 맞지 않는 소비는 자신이 힘을 가졌다는 짜릿함을 즐기기 위해서다. 당신이 돈을 어디에 사용하고 어떻게 모으는지가 당신이 얼마나 신중하게 자기 삶을 꾸려 나가고 있는지를 보여 준다.

226

기업에서 경계해야 할 일이 있다. 관료주의를 부추기는 일이다.

"이 정도는 괜찮아"라든가 "남들도 다 이렇게 해"라는 말에 넘어가지 말라. 이런 안일함은 애초에 싹을 잘라야 한다.

인텔은 관료주의가 어떻게 기업을 무너뜨리는지를 보여 주었다. 한때 세계 최고의 반도체 기업으로 불리던 인텔은 비대한 인력, 위험 회피 문화, 뒤처진 인공지능(AI) 전략 등으로 몰락했다.

227

경영을 잘했는데도 사업이 망하고, 가문이 몰락하기도 한다.

1. 오너 경영자의 갑작스러운 사망으로 미처 사후를 준비하지 못한 경우
2. 도박, 마약, 불륜, 사치 등 방탕한 사생활로 사회의 비난을 받는 경우
3. 빚을 내어 무리하게 사업을 확장하다가 모기업까지 힘들어지는 경우
4. 정치에 참여했다가 패가망신하는 경우
5. 공명심과 명예욕으로 사명감이나 철학 없이 재산을 기부하는 경우
6. 현금이 일시적으로 부족해 망하는 경우(흑자도산)
7. 가족끼리 욕심을 부려 싸우는 경우(형제의 난)

228

경영자가 모든 능력을 갖춘
슈퍼맨이 될 수는 없다.
믿을 수 있는 참모와 힘을 합하라.
고(故) 이병철 삼성그룹 회장은 자서전
《호암자전》에서 이렇게 말했다.
"의인물용 용인물의(疑人勿用 用人勿疑).
의심이 가거든 사람을 고용하지 말라.
의심하면서 사람을 부리면 그 사람의 장점을
살릴 수 없다. 그리고 고용된 사람도 결코
제 역량을 발휘할 수 없을 것이다.
사람을 채용할 때는 신중을 기하라.
일단 채용을 했으면 대담하게 일을 맡기라."

229

매출액보다는 이익을 최우선으로 삼아야 한다. 모든 매출은 회사 통장에 자금이 입금되어야 끝난다. 자금 관리를 한 사람이 아닌 세 사람 이상에게 맡기라. 무차입 경영이 정답은 아니다. 투자할 기회라고 판단하면 은행에서 돈을 빌려서라도 공격적으로 하라. 항상 손익 계산서와 현금흐름표에 집중하라. 최악의 사태를 가정하고 리스크를 분산해 놓으라.

230

작은 성공에 도취하면 변화를 읽지 못하는 성공증후군에 빠져 실패하게 된다. 경영은 거칠고 긴 여정이고 성공은 그 끝에 찾아온다. 경영자는 책임을 지고 이 긴 여정을 지나야 한다. 처음부터 길은 없다. 길을 만들라. 남이 만든 길을 따라 걷지 말라. 나의 길을 걸으라.

서비스업은 소비자의 니즈를 충족하고 그들을 감동하게 해야 한다. 시장은 생산자 중심에서 소비자 중심으로 변했다. 소비자에게 진정성 있게 다가가 공감해야 한다. 우리 회사 물건을 사용하는 것만으로도 우월감을 느끼도록 해야 한다. 개성 있는 소비, 즉 가치 소비를 유도하라. SNS에 자랑하고 싶게 만들라. 사회적 흐름과 이슈를 눈여겨보면서 유행을 만들라. 시끄러운 소수보다 조용한 다수를 보라.

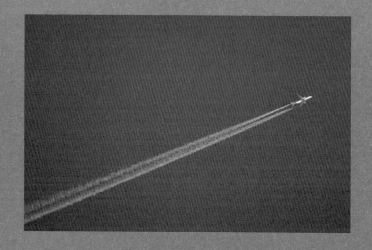

232

규제란 동전의 양면이다.
누구에게는 불리하고 누구에게는 유리하다.
나에게 유리하게 규제를 이끌라.
그것이 능력이다.

233

최고경영자가 시간을 어떻게 활용하는가에 따라 회사의 앞날이 좌우된다.

사업이 좀 잘된다고 해서 최고경영자가 회사 일에 집중하지 않고 정치나 사회단체에 기웃거리거나 취미생활에 빠지면 회사는 어려워진다.

기업인은 24시간 회사 일과 건강관리, 배우는 일, 재충전을 위한 휴식에 균형을 맞춰야 한다.

234

욕심을 자제하는 일도, 사업을 제때 버리는 일도 경영의 중요한 요소다.

항상 몸을 가볍게 하고, 단순하게 하라.

오르막이 있으면 내리막이 있는 법.

내려올 때를 대비해 몸을 가볍게 하라.

그래야 다치지 않는다. 변신이 쉬워진다.

버리고 줄이는 것도 전진을 위한 경영이다.

이보전진을 위한 일보후퇴다.

235

자동차는 휘발유가 떨어지면 멈춘다. 회사도 이익이 없으면 멈춘다. 수익이 나지 않는 사업은 과감히 폐기하라. 그러기 위해선 항상 최신 기술 개발에 관심을 두고, 과학경영과 기술경영을 공부하라.

드론, 증강현실, 인공지능, 가상현실, 빅데이터, 비트코인, 바이오, 스마트팜 등 다양한 분야에 관심을 쏟고, 우리 사업과 어떠한 연관성이 있는지를 관찰하라.

개념을 이해하는 것과 가지고 노는 것은 차이가 엄청나다.

236

광고에 쏟은 돈은 투자인가, 비용인가?

회사가 장수하면 투자가 되고, 브랜드가 사라지면
비용이 된다.

마케팅 비용 대비 효과에 대해 항상 숙고하라.

마케팅 비용의 효율을 계산하기는 쉽지 않다.

넋 놓고 있다가 대행사에 휘둘리기 쉽다.

가족 회사는 있어도 '가족 같은 회사'는 없다.

직장은 가족이 아니라 팀이다.

기업은 성별, 학연, 지연을 떠나 오로지 능력으로만 인재를 평가해야 한다. 최고경영자는 이들의 능력을 한데 묶어 승리를 이끄는 스포츠팀의 감독이다. 선수 개개인의 능력을 정확히 꿰뚫어 보는 감독이 팀을 승리로 이끌 듯 경영자도 직원의 재능과 능력을 정확히 알아 이들을 조직해야 한다.

238

실행에 집중하라. 비즈니스는 전략이 5%이고, 실행이 95%다. 크고 작은 도전을 계속한 사업가들은 지속 가능했으나 도전하지 않은 사업가들은 조용히 사라졌다. 사업이 잘되면 더 잘되기 위해, 안 되면 살아남기 위해 고군분투해야 한다. 연구하고, 실행하고, 의논하는 가운데 조직에 생동감이 흐르면 시대의 흐름을 읽고 따라갈 수 있다.

239

보수적으로 회사를 운영하면 시대의 흐름에 뒤처질 수 있다. 사업 초창기에는 잃을 게 별로 없으니 공격적이어도 좋다. 수비 경영은 없다.

경영이란 단어에는 도전이 포함돼 있다. 전투적으로 일하라. 최고의 수비는 공격이다. 과감히 도전하라.

240

문제가 있음을 다행으로 여기라. 문제가 없는 회사는 머지않아 망한다. 사업가에게 스트레스는 평생 같이할 친구 같은 존재다. 어차피 같이 살아야 한다면 불평하지 말고, 함께 가는 방법을 찾아야 한다. 피할 수 없다면 즐기라.

사업에서 성공했다고 가정이 행복한 것은 아니다. 그러나 사업가의 성공은 행복한 가정을 위한 것임을 잊지 말라. 아무리 권력과 금력이 있어도 가정이 화평하지 않으면 의미가 없다.

음반 레이블인 버진 레코드에서 시작한 버진 그룹의 창립자 리처드 브랜슨은 세계적인 기업가다. 그는 사업에서 성공하는 것뿐만 아니라, 가정에서의 행복도 중요하다고 믿었다. 그는 가족과의 관계가 자신의 행복에 중요한 역할을 했다고 밝혔다. 가정에 화평이 없으면 사업의 성공도 진정한 의미를 가질 수 없다.

242

한곳에 머무르지 말라. 정주하지 말고 방랑하라. 편안함을 느끼며 안주해서는 안 된다. 발전하는 삶은 원래 불편하다. 여행자처럼 생각하라. 세계를 정복했던 민족은 정착민이 아니라 유목민이었다.

알렉산더처럼 아시아로, 칭기즈칸처럼 유럽으로, 바이킹처럼 바다로, 아메리칸 카우보이처럼 서부로 나가라.

견문을 넓히면서 계속 질문하라. 그 속에서 본질과 모순을 찾으라. 불공평하고 불합리하고 모순덩어리인 상황을 용광로처럼 녹여 자기 것으로 만들라.

243

어려움 앞에 좌절하지 말고 이겨내라. 행운은 악운을 이겨낸 사람의 몫이다. 현장에서 주의 깊게 관찰하고, 문제의 실마리를 찾아 주저 없이 행동으로 옮기라.

이것이 도전이고 용기다. 도전을 계속하는 것이 사업이다.

244

기회가 되면 술과 밥을 자주 사라. 책이나 인터넷에 있는 정보는 누구나 얻을 수 있는 공개된 정보다. 그러나 사람으로부터 얻는 정보는 알짜 정보이며 돈 되는 정보다.

이 세상에 공짜 점심은 없다. 인간관계를 수학적 효용 가치로 정확히 측정할 순 없다. 여유 있을 때 뿌려두면 언젠가는 힘이 된다. 밥과 술을 사는 것은 사람을 모으는 기본 기술이다.

245

학자들은 자기 논리에 빠지기 쉽다. 학술서에 몰입되면 아는 것에만 매달려 지나치게 예민하게 대처한다. 현상을 바로 보는 눈, 즉 생활의 눈을 가져야 한다. 이론의 관념주의가 아니라 인생을 사는 감성주의가 필요하다. 사실과 진실이 다르듯이 인간은 논리적이지만은 않다. 논리적이지 않은 사람들이 모여 사는 곳이 이 세상이다. 경영은 사람을 움직여 결과를 만들어 내는 것이다. 칭찬과 존중으로 사람의 행동을 긍정적으로 바꿔야 한다. 너무 논리적이면 피곤해서 주위에 사람이 모이지 않는다. 인간적인 친밀감이 있어야 한다.

246

돈을 벌고, 모으고 굴리고, 쓰는 것은 각기 다른 영역이다.

열심히 일해서 돈을 버는 사람이 있고, 모으고 굴리는 사람이 있고, 돈을 쓰는 사람이 있다. 회사에도 돈을 버는 사업부, 돈을 모으고 굴리는 자금부, 돈을 쓰는 공익재단 관리부가 있다. 열심히 돈을 버는 사람 중에 아까워서 쓸 줄 모르고, 굴리는 방법도 모르는 사람이 많다. 돈을 버는 이유는 잘 쓰기 위해서다.

247

눈에 보이는 게 전부가 아니다.
예의 바른 사람이 좋은 사람이라고
단정하지 말라.
예의 안에 무언가를 숨겼을지도 모른다.
사기꾼들은 모두 겉으로는 예의 바르다.

248

사업은 결국 돈을 벌기 위한 싸움이다. 중국인들은 불의는 참아도 불이익은 참지 말라고 한다. 재물을 보고도 이익을 취하지 않는다면 사업가가 아니라고 한다. 사업가라면 그 정신만큼은 기억해야 한다. 아무리 거룩한 이름으로 포장하더라도 사업의 목표는 이윤 창출이다.

249

남을 우습게 보지 말라.

돈이 없다고, 학력이 부족하다고 무시하지 말라.

사람은 무시당했던 것을 죽을 때까지 기억한다.

험담하지 말고, 논쟁하지 말라.

항상 옷을 깨끗하게 입고, 경조사비를 아끼지 말라.

경비와 청소부에게 잘하라. 그들이 좋은 소문을 내
준다.

250

가난한 사람은 빈곤 때문에 망하고, 부자는 권태 때문에 망한다. 여유 시간을 어떻게 보내느냐에 따라 끝이 달라진다. 방탕하고 사치하는 데 시간을 쓰면 가난으로, 건강관리와 자기 계발에 시간을 쓰면 부로 연결된다.

251

사람의 품격은 입에서 나온다. 입(口)이 세 번 모여 '품(品)'이 된다. 언어는 단순한 의사소통 수단을 넘어, 생각과 마음을 드러내는 창이다. 말은 우리의 인격과 품격을 판단하게 한다. 진심 어린 말은 신뢰를 낳고, 경솔한 말은 관계를 무너뜨린다. 세심한 말은 품격 있는 사람을 만들고, 품격 있는 사람은 세상을 더 좋은 곳으로 만든다.

252

남이 어떻게 생각할까를 신경 쓰지 말라. 결과로 말하라. 좋은 결과를 만들면 내가 가는 길이 답이 된다. 결과가 증명해 주면, 누구도 그 길을 부정할 수 없다. 결국 중요한 것은 내가 얼마나 흔들림 없이 목표를 향해 나아가느냐이다. 다른 사람의 평가나 의심은 잠시 스쳐 지나가는 바람일 뿐, 내가 만들어낸 결과가 나를 증명해 준다.

253

백 세 시대에는 80년간 일해야 한다. 평생직장은 사라졌다. 계속 학습해서 자기 발전을 하고 재교육을 받고 자기 자신에 끊임없이 투자하는 평생교육의 시대다. 채용 기준도 로컬 스탠다드가 아닌 글로벌 스탠다드인 시대다. 공부하는 자만이 살아남는다.

6

弗爲胡成
불위호성

행하지 않으면 이룰 수 없다

254

다른 사람에게 영향력을 행사하기 위해 정보를 독점하지 말라. 경영자는 조직 내에서 투명하게 정보를 공유해 신뢰를 쌓아야 한다. 정보를 독점하거나 숨기려 하면, 직원들 사이에 불신이 쌓여 협업을 저해할 수 있다. 또한, 정보의 흐름이 막히면 의사결정이 늦어지고, 조직의 목표 달성에 지장이 생긴다. 경영자는 필요한 정보를 모든 구성원에게 전달하고, 그들의 의견을 존중하는 열린 소통 문화를 만들어야 한다.

기업이 망하지 않으려면 겸손한 마음으로 늘 깨어 있어야 한다. 겸손한 자만이 위기의 징후를 포착할 수 있다. 겸손한 리더는 자신과 조직의 한계를 인정하고, 내부와 외부에서 발생하는 변화와 위험 신호를 민감하게 감지할 수 있다. 또한, 겸손은 조직 내 소통과 신뢰를 강화하여, 직원들의 창의적 아이디어와 피드백이 자연스럽게 수용되는 환경을 만든다. 깨어 있는 태도로 미래를 대비하는 기업만이 불확실한 시대에 지속 가능성을 확보할 수 있다.

256

현대 경영은 창조 경영이다. 창조 경영은 이종 격투기처럼 복싱, 유도, 레슬링, 태권도 등 모든 격투기를 한데 묶은 융합의 정신에서 출발한다. 요즘 유행하는 대형 제과점은 커피, 책, 꽃, 공예품 등을 한데 모았다. 애플의 스마트폰도 새로운 기술이 아니라 기존에 있던 기술을 한데 모아 융합한 것이다.

창조 경영은 다양한 분야와 아이디어를 융합하여 새로운 가치를 창출한다. 서로 다른 기술, 전략, 접근법을 결합함으로써 기존의 틀을 넘는 혁신적인 결과를 이끌어 낸다. 경계를 허물고, 다각적인 시각을 통해 문제를 해결하는 능력이 있어야 창조적인 경영이 가능하다.

257

창업보다 수성이 더 어렵다. 창업은 노력으로 되지만 수성은 노력은 물론 인성까지 합쳐져야 한다. 이익이 나던 기업이 교만하고 겸손하지 못해 쇠락하는 모습을 많이 보았다. 얻는 것은 오래 걸리지만 잃는 것은 순간이다. 아차 하는 순간, 모든 것을 잃는다.

명성을 쌓는 데는 20년이라는 세월이 걸리며,
명성을 무너뜨리는 데는 채 5분도 걸리지 않는다.
-워런 버핏

258

온리원(only one)을 찾으라.
다른 기업들과 차별화된 기술이나 제품을 보유하여
독점적인 지위를 가져야 한다. 온리원이 되기 위해서는
아이디어가 있어야 한다.
또한, 소비자 요구를 제품 생산에 반영하고,
공정한 인사로 직원들의 힘을 한곳에 모아야 한다.

259

디자인 지성이 필요하다.

돈이 시장 경제의 중심이었던 화폐 자본의 시대에서 지식과 창의력이 경제의 중심인 지적 자본의 시대가 되었다. 눈에 보이지 않는 고객의 가치를 상상력으로 찾아 라이프스타일을 새롭게 디자인해야 한다. 전 직원이 고객의 불편한 점을 찾는 라이프스타일 디자이너가 되어야 한다. 라이프스타일 디자이너는 자유롭고 유연한 사고와 집중력과 관찰력이 있어야 한다.

260

내가 생각하는 '경영인을 위한 히포크라테스 선서'는 이렇다.

1. 나는 공공에 이익이 되는 건전한 사업을 통해 국가와 지역 사회에 공헌할 것이며 회사의 이익과 지속 발전을 통해 주주, 종업원, 협력 업체와 이익을 공유하겠다.
2. 나는 개인의 사익을 위해 회사를 이용하지 않을 것이며 몸과 마음을 바쳐 회사의 발전에 봉사하겠다.
3. 나는 인종, 국적, 성별, 나이, 종교, 정치 성향, 사회적 지위, 신체적 조건, 빈부의 격차 등이 내가 내리는 의사결정에 영향을 미치지 않도록 노력하겠다.

261

회사의 임직원들은 될 수 있는 한 매일 만나서 의견을 나누라. 다양한 분야의 사람이 모이는 아이디어의 교차점에서 문제의 실마리를 찾을 수 있다. 회사 내의 의사결정을 위해서는 각 부서의 책임자가 참석하는 회의가 필요하다. 최고경영자는 아무리 바빠도 이 회의에 참석해야 한다. 회의를 통해 일의 진행 상황을 파악하고 아이디어를 얻고, 직원들의 충성심과 몰입도를 확인할 수 있다.

262

실패를 낮추기 위해 꼭 안테나 사업을 하라. 작게 테스트해 보라. 아마존은 프라임 서비스를 출시하기 전에 작은 규모로 실험을 거친다. 초기에는 특정 지역에서만 프라임 서비스를 제공하고, 소수의 고객을 대상으로 서비스를 시험해 본다. 이 테스트를 통해 아마존은 고객의 반응과 운영상의 문제점을 파악하고, 점차적으로 서비스를 확장하여 전 세계적인 성공을 거두었다.

263

자유, 정의, 진리, 행복, 사랑, 인권 등과 같은 추상명사를 생각하라. 추상명사에 대해 고민할 때 나의 삶은 물론 주변도 함께 업그레이드 된다. 인권 문제는 깊이 생각할수록 좋다. 최대 다수의 최대 쾌락보다는 최소의 최소 고통을 추구해야 한다.

권력이 있는 사람은 권력으로, 돈이 있는 사람은 돈으로, 힘이 있는 사람은 힘으로 없는 사람을 함부로 대하고 무시한다. 갑질이다. 항상 사회적 약자에 대해 신경 쓰고 이들을 챙기라. 인격자는 타인의 인격과 의견, 사생활을 존중한다.

264

성공을 위한 게임의 법칙을 바꾸라.
같은 방식으로는 한 사람만 계속 우승한다.
새로운 전략과 규칙을 도입하면 더 많은 사람들이
기회를 얻게 된다. 공정한 경쟁은 개인의 성장뿐만
아니라 모두의 성공을 이끌어낸다.

265

엘리트(승리자) 집단의 고질병은 과시와 오만이다.

폼 잡지 말라. 폼 잡지 않아도 가진 사람은 질시의

대상이다. 속물 엘리트 집단은 욕심 때문에 망한다.

진짜 노름꾼은 돈을 따고 있을 때 그만둔다.

266

종업원도 나와 같다고 생각하면 인력 관리에 실패한다. 종업원은 경영자와 다르다는 것을 인정하고 회사를 경영하라. 종업원은 손발이 바쁜 시간 근로자다. 어제 했던 일을 오늘도 하기 원한다.

변화를 원치 않고 관성적이다. 그들의 타성에 화내지 말라. 그들은 원래 그런 사람이다.

그런 그들과 함께 과업을 완성하는 것은 경영자의 몫이다.

267

하버드 대학의 마지막 수업은 졸업식이다. 졸업생들은 마지막 축사를 가슴에 안고 사회로 나간다. 하버드 대학의 역대 졸업식 축사에는 공통된 키워드가 있다.

1. 실패를 두려워하지 말고 도전하라.

2. 매사 긍정적으로 생각하고 열정을 가지라.

3. 세상은 컬러풀하다. 흑백 논리에 빠지지 말라.

4. 겸손하라. 어려운 약자를 생각하라.

5. 인생은 단거리가 아니고 마라톤이다.

6. 지능이나 재주보다 인품과 인격이다.

경영자는 과업 근로자로 관성을 파괴하는 인간이어야 한다. 타성은 기업의 적이다. 과업 근로자인 경영자는 문제를 발견하고 해결하는 사람으로 머리가 바쁘고 부지런하다. 결정하고 책임을 지는 사람이다.

과업 근로자만이 창조적 인간이 될 수 있다. 미국의 빌 게이츠, 스티브 잡스, 제프 베이조스, 일론 머스크 등은 모두 열정적이며 창조적인 사람이다.

269

이종 융합은 단순한 트렌드가 아니다. 현대 사회의 중요한 혁신 요소다. 온라인의 리테일 강자인 아마존은 오프라인 매장을 통해 소비자의 경험을 확장하고 있다. 이종 융합은 소비자에게 새로운 경험과 가치를 주고 기업에는 경쟁력을 강화해 준다. 특히 헬스케어와 기술의 융합은 우리 삶을 크게 향상시킬 것이다.

내가 생각하는 성공이란 무엇인가?

우리 가족과 사회를 위해 세상을 이전보다 조금이라

도 더 살기 좋은 곳으로 만들어 놓고 떠나는 것이다.

위기에서 탈출하기 위해, 혹은 오너가 편해지고자 외부에서 최고경영자를 영입하는 경우가 있다. 이른바 전문 경영자이다. 최고경영자를 영입하겠다는 꿈은 버리라. 나를 대신할 유능한 최고경영자 한 명보다는 분야별 능력 있는 간부 몇 명이 더 나을 수 있다.

책임감과 가치관이 능력보다 앞선다. 전문 경영자는 오너 경영자보다 책임감이 떨어진다. 사회는 전문 경영자 제도가 좋은 제도인 양 몰아가고 있다. 하지만 우리 사회는 아직 전문 경영자를 받아들일 준비가 되지 않은 것 같다. 가치관이 정립되지 않은 전문 경영자는 무능한 오너 경영자보다 못하다.

272

여행은 쉼만 주지 않는다. 예기치 않은
사업 구상을 제공하기도 한다. 에어비앤비
창업자 브라이언 체스키는 샌프란시스코
여행 때 숙소를 못 잡아 어려움을 겪는
이들을 보고 사업 영감을 얻었다.

"진정한 여행이란 새로운 풍경을 바라보는
것이 아니라 새로운 '눈'을 가지는 데 있다."
– 마르셀 프루스트(프랑스 소설가)

경영자가 머리가 좋고 아는 것이 많으면 회사 운영에 도움이 된다. 그러나 머리와 지식만으로 회사를 운영할 수 없다. 경영자는 지적 지능(IQ) 이외에 감성 지능(EQ)을 가져야 한다. IQ(Intelligence Quotient)를 '지능지수'라 한다면 EQ(Emotional Quotient)는 '마음의 지능지수'다. 남의 마음이나 자기 마음을 민감하게 읽어낼 수 있는 능력이다. 오늘날 기업 조직은 대인관계 능력이나 감성 지능이 뛰어난 사람들을 선호한다.

감성지능은 자기 인식(self knowledge), 자기 조절(self control), 동기(motivation), 공감 능력(empathy), 사회성(social skills) 등을 포함한다. 회사 운영에 필요한 판단력, 문제 발견 및 해결 능력, 실행력은 모두 지적 지능에 감성 지능이 보태져 빛을 낸다.

인간미 없는 똑똑한 놈도 안되고, 머리가 빈 기분파도 안된다. 경영자는 조직의 미래 비전을 제시하고 다른 사람들을 몰입시키는 능력과 문제를 발견하는 비판적 능력, 인재를 유치하고 개발하고 확보하는 능력, 변화를 선도하는 능력, 업무를 집행하고 실행하는 능력, 유심히 관찰하고 소통하는 능력이 있어야 한다. 이것을 리더십이라 부른다.

"리더십은 다른 사람들에게 실행 가능한 아이디어를 퍼뜨릴 수 있는 플랫폼을 제공하는 예술이다."
-세스 고딘(기업가 및 작가)

275

도전과 실패는 한 가족이다. 도전이 없으면 실패도 없다. 왜 실패했는지를 분석하고 겸허히 받아들이라. 그래야 같은 실수를 다시 범하지 않고, 재도전의 밑거름을 만들 수 있다.

276

기업의 이익 생태계가 한쪽으로 치우치면 위험하다. 그렇다고 목적 없이 돈만 좇는 문어발식 경영은 곤란하다. 생존을 위해 잘할 수 있는 분야 몇 개에만 투자하라.

277

회의 전에 충분히 공부하라. 경영자가 화두를 던지지 않으면 직원들은 새로운 것을 시도하지 않는다. 경영자가 회의의 중심을 잡으라. 시대와 동떨어지지 않고 현장과 호흡할 수 있는 주제를 계속 던지라. 직원들에게 공감대를 얻고 그들을 움직이라. 물론 직원들은 사장이 몰아붙이면 힘들어한다. 하지만 이렇게 훈련받은 이들이 회사의 인재가 된다.

278

행운은 소리 없이 왔다가 사라진다. 어느 순간 찾아오는 행운을 낚아채기 위해서는 집중력과 안목이 필요하다. 24시간 회사 일에 몰두해야 행운의 신호를 감지할 수 있다. 신호를 감지했는데 이것이 진짜 행운인지는 실행으로 확인해야 한다. 행운은 결과로 나타난다. 그 결과를 위해 계속 시도하라. 시도하지 않으면 아무것도 이룰 수 없다.

279

인간은 원래 보고 싶은 것만 보고 듣고 싶은 것만 듣고 자기가 아는 범위 안에서만 생각한다.

그런 점에서 경영자는 계속 배워야 한다. 경영 기술을 배워 권력을 누리는 데 쓰면 안 된다. 경영자는 가족의 화목은 물론 기업과 종업원을 위해 헌신하겠다는 각오가 필요하다. 직원은 겸손과 자신감이 균형을 이룬 리더를 원한다.

기업의 역사, 이미지, 브랜드보다 더 중요한 것은 현재의 이익이다. 과거의 성공과 명성은 시장의 빠른 변화 속에서 유지되기 어렵다. 기업이 생존하려면 당장의 수익성을 확보해야 한다.

이익이 없으면 인재 투자, 제품 개발, 마케팅 강화 등 성장에 필요한 모든 활동이 제약을 받게 된다. 현재의 이익을 확보하는 것이 장기적으로 브랜드와 이미지를 지키고, 기업의 지속 가능성을 보장하는 중요한 방법이다.

281

나무의 가지치기, 즉 전지에는 순서가 있다.
썩은 가지, 찌르는 가지, 싸우는 가지,
다른 가지를 그늘지게 하는 가지 순으로 자른다.
사람도 부패한 사람, 회사의 약점만 캐는 사람,
남과 화합하지 못하는 사람, 남의 근무 의욕을
꺾는 사람이 있다. 이들을 잘라내야 한다.
리더는 조직원 평가에 게을러서는 안 된다.

282

나쁜 한 사람이 조직 전체를 흔들어 놓는다. 불만 불평이 많은 부정적인 사람을 주의하라.

속을 드러내지 않는 사람도 경계 대상이다. 회사를 이용해 자기 실속을 챙기는 사람은 안 된다. 실력도 없으면서 입으로만 장담하는 사람도 멀리하라.

사업가는 '사업가의 기질'이 있어야 한다고들 말한다. 학문을 연구하는 학자들은 '세상은 확률의 시장'이라고 말하지만, 꿈을 파는 사업가는 '세상은 상상력의 시장'이라고 말한다. 사업가는 상상력을 확률로 만드는 능력이 있어야 한다. 지금까지 경험하지 못해본 상품과 서비스를 파는 게 장사꾼이다. 이미 세상에 있는 것들을 조합, 융합해서 새로운 재화를 만드는 게 사업가다.

284

틈새시장을 찾아 시작한 사업을 계속된 혁신과 도전으로 한 단계씩 도약시키라. 안주하면 부를 지키기 힘들다. 안주의 길이 쇠락의 길이었다는 것을 망하고 나서 알게 된다.

쉬운 길을 박차라. 항상 어렵고 위험한 길을 택하라. 위험한 길에 큰 보상이 있다.

"좋은 기업을 넘어 위대한 기업으로"

내가 좋아하는 말이다. 짐 콜린스는 위대한 기업과 괜찮은 기업을 가르는 결정적 차이에 관해 이야기했다. 그중 하나가 리더십이다.

'좋은 기업을 넘어 위대한 기업'으로 도약한 회사의 리더는 '레벨 5의 리더'였다.

레벨 5의 리더는 어떤 리더일까? 레벨 1은 개인적 역량이 뛰어난 리더, 레벨 2는 팀워크가 뛰어난 리더, 레벨 3은 뛰어난 역량을 발휘하는 리더, 레벨 4는 전통적인 의미에서의 유능한 리더다. 레벨 5 리더는 레벨 1부터 레벨 4까지의 능력을 보유하고 여기에 '겸양'과 '직업적 의지'를 갖추었다. 레벨 5 리더는 이 두 가지 상반된 태도를 역설적으로 통합한다.

286

돈 좀 벌었다고 가장이 사치하면 가족 전체가 낭비하게 되고 교만해지고 자녀 교육에 실패한다. 기업도 마찬가지다. 경영자가 돈을 벌었다고 사치에 빠지면 기업에 심각한 문제가 발생한다. 이런 경영자는 자원을 배분하는 데 있어 신중하지 못하고, 불필요한 지출이 늘어나며 기업 재정에 부담을 준다. 또한, 직원들에게 부정적인 영향을 미쳐 동기 부여를 약화하고, 불신을 초래할 수 있다. 이런 상황은 조직의 결속력을 약화하고, 장기적으로 기업의 성장을 저해한다. 경영자의 행동은 기업 문화를 형성하는 중요한 요소다. 경영자가 절제와 책임감이 있어야 기업의 지속 가능성과 건강한 성장이 가능해진다.

287

업의 개념을 바꾸어야 한다.

'양키캔들'은 양초를 빛의 개념에서 향기와 분위기의 개념으로 바꾸어 성공했다. '더 현대 서울'은 백화점의 개념을 '유통'에서 '리테일 테라피'로 재해석했다. 매장의 절반을 실내 숲, 폭포 등 휴식 공간으로 꾸몄다. 쇼핑 공간보다 '힐링'에 초점을 맞춘 것이다.

288

우리 회사는 아침 회의로 하루를 연다. 나는 회의를 무척 중요하게 여긴다. 회의에는 문제 해결보다 더 많은 의미가 있다. 내 기억으로는 1982년 회사를 시작해서 거의 매일 아침 회의를 했다. 해외 출장 중에도 국제 전화로 아침 회의를 했다. 회의에도 리듬이 있고 연속성의 원칙이 적용되기에 계속하지 않으면 흐름이 끊긴다. 오랜만에 회의에 참석한 사람이 엉뚱한 이야기를 하기도 한다.

직원들은 회의를 싫어한다. 나도 다국적 회사에 극동 지역 책임자로 근무할 때 회의가 부담스러웠다. 그러나 돌이켜보면 다양한 회의를 통해 많은 것을 배웠다. 업무를 의논하기 위한 운영 회의, 손익과 자금의 흐름을 의논하는 재무 회의, 광고 마케팅 회의, 판매 실적을 따지는 영업 회의, 직원들의 업무 능력을 평가하는 인사 노무 회의, 신제품을 소개하는 컨벤션 회의, 모두 기업 경영에 필요한 것들이었다.

289

나라가 망할 때는 충신(忠臣)이 필요하고, 회사가 위기에 맞닥뜨렸을 때는 양신(良臣)이 필요하다. 양신은 경영자에게 현장에 대한 올바른 정보를 주고 경영자의 생각을 현장에 적응시킨다. 경영자가 틀린 결정을 할 때는 끝까지 설득해서 올바른 방향으로 가게 한다.

290

법과 규제를 곧이곧대로 들이대는 경영자는 하수다. 법과 규제를 넓게 깊이 이해해 규제를 올라타고 기업에 유리하도록 다루어야 한다. 법과 규제는 복잡하고 경직되기 마련이다.

법과 규제를 단순히 따라가는 것만으로는 경쟁에서 우위를 점할 수 없다. 이를 창의적이고 전략적으로 해석하여 기업에 유리한 방향으로 이끌어가야 한다.

291

ESG 경영 시대다. 환경(Environmental), 사회(Social), 지배구조(Governance)가 기업을 지속 가능하게 한다. 과거에는 돈 잘 버는 기업이 최고였다. 그러나 이제는 재무 지표뿐 아니라 기업이 사회적으로 어떠한 영향을 미치는지도 중요해졌다. 기업뿐 아니라 개인도 ESG가 필요하다. 환경과 사회와 지배구조에 대해 깊이 생각하는 윤리적인 전문가가 되라.

292

주위의 수많은 하이에나와 싸워 이겨야 한다. 경영에 있어 썩은 고기를 찾아 헤매는 하이에나는 무엇일까? 경쟁사일 수도 있고 트렌드, 직원, 친구, 납품업자, 정부 정책, 소비자, 금융기관, 경영권 승계, 가족의 관계, 본인의 건강, 날씨 등 다양하다. 모든 것을 조심하라.

머리는 빌릴 수 있어도 건강은 빌릴 수 없다. 건강이 무너지면 행복과 성공, 모든 것이 무너진다. 술, 담배는 멀리하고 운동과 친하게 지내라. 경영자의 건강은 기업의 성공에 큰 영향을 미친다. 건강한 경영자는 높은 에너지를 유지하며, 명확한 의사결정을 내리고, 복잡한 문제를 효과적으로 해결할 수 있다. 반대로, 건강이 나빠지면 집중력과 판단력이 떨어져 기업 운영에 부정적인 영향을 미치게 된다. 경영자의 건강은 단순히 개인의 문제가 아니라, 기업 전체의 성과와 직결된 중요한 요소다.

294

나는 마키아벨리의 《군주론》, 손문의 《손자병법》 이
두 권의 책을 가까이 두고 읽고 또 읽는다. 기업 환경
이 바뀌고 개인의 상황이 달라져서 읽을 때마다 항상
새롭게 읽는 기분이다.

마키아벨리의 《군주론》은 권력과 리더십에 대한 깊은
통찰을 제공한다. 경영자에게 정치적 판단력과 결단
력을 기를 수 있는 기회를 준다. 이를 통해 위기 관리
와 경쟁 우위 확보를 위한 전략적 사고를 배울 수 있었
다. 손문의 《손자병법》은 전략적 사고와 상황에 맞는
유연한 대응의 중요성을 강조하면서 경영자에게 경쟁
에서 승리하기 위한 지혜를 제공한다. 이를 통해 시장
환경 변화에 효과적으로 대응하고, 자원의 최적화를
이끌어 내는 능력을 배울 수 있었다.

사장은 미움받을 용기가 있어야 한다. 얼굴이 철판이어야 한다. 술 먹을 때 가장 맛있는 안주는 '오향장육'이 아니라 돈 안 드는 '사장욕'이라고 한다. 정치인의 얼굴이 표에 두껍다면 경영자의 얼굴은 이익에 두꺼워야 한다. 이익을 추구하는 과정에서 때로는 비판과 반발을 감수해야 한다. 결국 불편한 결정을 내리면서도 명확한 비전과 목표를 지켜 나가는 것이 경영자다.

296

가족 문제나 인간관계는
세월이 해결하기도 한다.
그러나 이익을 먹고 사는 기업의 문제는
세월이 해결해 주지 않는다.
흘러간 시간만큼 손해만 남는다.
나쁜 결정이 보류보다 낫다.

297

경영자는 일을 즐거워한다.

"아침이 기다려진다. 빨리 해가 떠야 일을 할 수 있으니까."

정주영 회장이 자서전에 남긴 말이다. 경영자가 일을 즐거워한다는 것은 단순히 목표 달성을 넘어서, 일 자체에서 기쁨과 보람을 느낀다는 의미다. 경영자가 일을 즐거워할 때, 그 에너지는 자연스럽게 조직 전체에 퍼져 나간다.

298

사업가를 욕심쟁이라고 욕하지 말라. 욕심이 없으면 사업가가 되지 못했을 것이다. 무모한 욕심은 패망으로 이어지지만 자기 실력 안에서의 사업적 욕심은 회사를 발전시키는 원동력이 된다.

299

시쳇말에 '운칠기삼'이라는 말이 있다.

세상 모든 일에 있어서 운이 7할, 재주가 3할이라고

한다.

사업은 기로 밀어붙여야 운이 따른다.

복권을 사야 행운이 있는지 없는지를 알 수 있지 않겠

는가?

최적주의자로 살라.

완벽한 세상, 완벽한 사람, 완벽한 경영은 없다.

완벽을 추구할 따름, 결과에 만족하라.

현실을 인정하고 가끔 잘못될 수도 있다는 것을 알아
야 한다.

경영학 서적은 참고 서적이고 인문학 서적은 필수 서적이다. 인문적 소양을 갖춘 다음에 경영 지식으로 무장하라. 경영 서적은 유효 기간이 있어도 인문학 서적은 유효 기간이 없다. 인문학은 사람에 대한 깊은 이해와 사회적 통찰력을 키워 주기 때문에, 경영에 필수적이다. 경영학은 끊임없이 변화하는 시장 환경에 맞춰 전략과 기술을 빠르게 업데이트한다. 인문학은 시대를 초월한 가치를 지니고 있어 진정한 리더십과 인간 중심 경영을 가능하게 한다. 따라서 인문학적 사고를 바탕으로 경영 지식을 쌓아 가야 한다.

302

사교 모임의 대부분은 과소비와 자기를 뽐내려는 이들의 모임이다. 나는 지금껏 학교와 여러 협회에 기부를 할 때 개인 돈으로 했다. 회삿돈을 쓰지 않았다. 나를 위해서는 돈을 아꼈지만, 나의 도움이 필요로 하는 곳을 위해서는 누구보다 기꺼이 봉사했다. 한번 올라간 소비는 다시 낮출 수 없기에 항상 검소하려고 했다. 그 검소함이 회사를 살리고 사회에 나눌 수 있는 자원이 되었다.

303

회사를 물려받는 사람은 100m 경주에서 남들보다 50m 앞에서 뛰는 것과 같다. 그걸 자랑으로 여기고 성과를 뽐내는 자는 최악이다. 오히려 부끄럽게 생각해야 한다. 세상 무서운 줄 모르고 자랑하고 우쭐대다가 골로 가는 2세들을 많이 보았다.

> "어떤 사람들은 3루에서 태어났으면서도
> 자신이 3루타를 친 줄 알고 살아간다."
> - 베리 스위처(미국 풋볼 코치)

304

성공과 실패가 뭐 그리 중요한가? 시도하다가 울고 웃는 그 자체가 성공이다. 성공에 도취하는 순간 실패의 길을 걷는다. 오늘도 평안히 넘겼다면 성공한 하루를 산 것이다.

매 순간 감사해라. 나의 할머니의 묘비에는 '범사에 감사하라'라고 쓰여 있다. 감사하는 경영자가 되라.

감사는 긍정적인 에너지를 만들어 내며, 조직 내 신뢰와 협력을 촉진한다. 경영자가 직원, 고객, 파트너에게 진심으로 감사하는 태도를 보일 때, 그들은 더 높은 동기와 충성심으로 보답한다. 팀워크를 강화하고, 문제를 해결하는 데 필요한 창의적 아이디어와 혁신을 이끌어 낸다.

또한, 감사는 경영자 자신에게도 긍정적인 영향을 미쳐, 스트레스를 줄이고 명확한 의사결정을 가능하게 한다. 감사는 예의 이상의 힘을 가지고 있다.

306

기업이 성공하려면 먼저 올바른 사람을 채용하고 그
들이 적절한 위치에서 일하도록 해야 한다. 방향 설정
보다 인재 선택이 더 중요하다.

307

잔인하고 가혹한 사실을 직시하라. 성공한 기업은 현실적인 문제를 회피하지 않았다. 그 문제를 직면하고 그 문제를 기반으로 전략을 세웠다.

냉정하게 현재 상황을 직시하라. 그러고 나서 문제 해결에 집중하라.

7

開新創來

개신창래

새로운 길을 열어, 더 나은 미래를 만든다

308

기러기에게서 섬김과 봉사의 리더십을 배우라. 리더 기러기는 단순히 방향만 이끌지 않는다. 날아가는 방향과 고도를 정하고 상승 기류를 만들어 낸다. 리더 기러기가 날갯짓으로 양력을 일으켜 뒤에 오는 기러기들이 수월하게 날 수 있게 한다. 맨 앞에서 세찬 바람을 마주한다. 뒤따라오는 기러기들은 날아가며 울음소리를 낸다. 리더 기러기에게 보내는 응원이다. 이렇게 기러기 떼는 수천 킬로미터를 날아간다.

309

리더는 3독의 말솜씨가 필요하다.

첫째, 독점하지 말라. 대화를 독점하지 말라. 대화는 주고받는 것이다.

둘째, 독선하지 말라. 자기주장만 옳다고 핏대를 세우지 말라. 독선은 불통의 시작이다.

셋째, 독설하지 말라. 독한 말은 상대를 아프게 찌른다.

310

실패를 오래 후회하지 말라.
흘러간 강물은 돌아오지 않는다.
기왕에 일어난 일은 받아들이고,
새로운 변화의 기회를 포착하라.

311

좋은 리더의 반대는 악한 리더가 아니라 약한 리더
다. 약한 리더는 조직을 망가뜨리고 결국 무너지게
한다. 약한 리더는 명확한 비전과 결단력이 부족해
중요한 순간에 제대로 된 결정을 내리지 못한다. 그
결과, 조직은 방향성을 잃고 혼란에 빠지기 쉽다. 또
한, 약한 리더는 권위를 세우지 못해 팀의 신뢰를 얻
지 못한다. 이는 조직의 사기 저하로 이어진다. 문제
를 회피하거나 책임을 떠넘기는 태도는 갈등을 해결
하지 못하게 하며, 장기적으로 조직을 쇠퇴하게 만
든다.

312

결단은 행동을 수반한다. 리더가 결단했다면, 구성원들은 행동해야 한다. 사장의 역할은 결단에서 머무르지 않는다. 구성원들이 실천할 수 있도록 독려해야 한다. 구성원들이 요령을 피울 때, 앞으로 나아가도록 포스를 발휘해야 한다.

313

작은 것 하나까지 신경 쓰라. 디테일까지 표현해야 한다. 악마는 디테일에 있다고 했다. 리더는 디테일에 강해야 한다. 영화 <잡스>에는 이런 장면이 나온다.

"누가 PC 보드 모양까지 신경 쓰나요? 아무도 PC 보드 안을 들여다보지 않아요!"

그러자 잡스는 말한다. "내가 봅니다. 위대한 목수는 아무도 보지 않는다 해서 장롱 뒷면에 형편없는 나무를 쓰지 않습니다."

314

내가 말하지 않아도 직원들이 알고 있다고 생각하지 말라. 이런 생각은 업무 소통에서 문제가 된다. 직원들에게 업무의 배경, 맥락, 중요성을 충분하게 설명하라. 그래야 엉뚱한 일이 생기지 않는다.

315

감정 조절은 리더의 자산이자 경영 비결이다. 아무리 친밀하고 나이가 어려도 반말을 하지 말라. 반말을 하면 쉽게 화를 내게 된다. 화가 나면 차라리 화장실을 가라. 쏟아부은 화는 다시 주워 담지 못한다.

직원에게 감정을 폭발시키면 그 직원은 심한 모욕감을 느낄 것이고, 다른 직원들의 근로 의욕도 꺾인다.

316

항상 자금 흐름표와 손익 계산서를
옆에 놓고 경영하라.
외부 요인으로 인해
언제든 위기가 올 수 있다.
헤프게 사는 것보다 짜게 사는 게 낫다.

317

진상 고객에게 직원이 무시당하는 것을 허락하지 말라. 고객은 우리 회사의 귀중한 손님이다. 그러나 직원은 우리 회사의 소중한 자산이다. 최선을 다해서 고객을 모셔야 하지만 부당한 요구가 있으면 거절할 줄도 알아야 한다. 부당한 요구와 무조건적인 사과를 강요하는 고객으로부터 직원을 보호해야 한다. 직원에게 자긍심을 심어 줘야 한다.

318

의사, 변호사, 회계사, 공무원 등 자격증으로 밥벌이 하는 사람은 '수비형 인재'다. 국가 미래 성장을 위해서는 '공격형 인재'가 필요하다. 도전적인 젊은이가 국가를 먹여 살린다.

한국에서도 스티브 잡스와 일론 머스크, 제프 베조스가 나와야 한다. 1970년대 우리가 대학을 졸업할 때의 꿈은 모두 정주영과 김우중이었다. 그들은 전쟁 직후 산업 기반도 열악한 상태에서 초라한 샘플과 카탈로그를 가지고 밤 비행기를 타고 전 세계를 누볐다. 그 덕분에 지금의 한국이 있다고 생각한다.

319

경영자는 고독력이 있어야 한다. 외로움을 고독의 시
간으로 바꾸라. 고독을 통해 생각하는 힘을 기르라.
고독의 시간에 책을 읽고, 글을 쓰고, 산책하라.
독서와 글쓰기와 산책을 통해 나는 행복을 느낀다.
고독의 시간에 생각한 것들이 회의에서 빛을 발한다.

320

회사를 비우지 말라. 놀아도 회사에서 놀고, 시간이 남으면 회사에서 책을 보라. 윗사람이 없으면 회사에 엉뚱한 일이 생기게 마련이다.

321

부자(富者)는 돈이 많은 사람이다. 그러나 돈만 많은
사람은 졸부(猝富)라고 불러야 한다. 인격도 갖춰야
한다. 노블레스 오블리주는 부자에게도 적용된다.
내 주위에는 부자가 많다. 그러나 인격까지 갖춘 사
람은 많이 보지 못했다. 돈이나 부동산, 명품 등을
자랑하는 사람을 부자라고 생각하지 않는다. 진짜
부자는 전혀 티를 내지 않는다. 겸손하고, 검소하고,
근면하다.
공부도 많이 하고, 경영 수업도 탄탄히 받아 훌륭한
경영자의 자질을 갖춘 2세들이 많다. 그러나 이들이
봉사와 배려의 정신까지 갖추었는지는 잘 모르겠다.
남을 위해 베풀고, 봉사 정신까지 가진 부자가 되길
원한다.

322

애국심만 강하다고 훌륭한 지도자가 될 수 없듯이 회사를 사랑한다고 훌륭한 경영자가 되는 것은 아니다. 회사를 발전시키는 자가 훌륭한 경영자다.

회사를 사랑하는 마음은 중요하지만, 그것만으로는 실질적인 변화와 혁신을 이끌어낼 수 없다. 경영자는 비전과 전략을 가지고, 조직의 발전을 위해 지속적인 노력과 결단을 내릴 수 있어야 한다. 진정한 경영자는 회사의 미래를 위한 책임감과 실행력을 갖추고, 조직을 성공으로 이끈다.

323

성실과 인내는 경영에서도 귀한 덕목이다. 경영에서
의 성실은 계속해서 변하려 노력하는 태도다. 쉬지
않고 기술을 개발하는 것이다. 경영에서의 인내는
단순히 참는 것에 머무르지 않는다. 참으며 앞으로
나아간다.

324

회사에서 일어난 일들을 메모해 두라.
훌륭한 자료가 될 것이다.
아침 회의 메모를 정리하면
먼 훗날 경영 노트가 된다.

325

비즈니스 세상은 그 어떤 세계보다 무섭다. 경영자는 이루기 힘든 꿈을 꾸고, 이기기 힘든 싸움을 싸우고, 견디기 힘든 고통을 견뎌 나가야 한다. 경영자는 거친 비즈니스 세계를 헤쳐 가는 영웅이다. 밀려오는 고난을 참고 이겨 내는 것이 경영자의 숙명이다.

326

일상의 문제에서 대박의 실마리를 찾으라. 솔루션이 완벽할 필요는 없다. 우선 실행하라. 그리고 그 과정에서 문제점을 해결하라. 현장에서 해결 방안을 찾고 솔루션을 찾았다면 공유하라. 일상의 작은 문제에서 발견한 해결책이 예상보다 더 큰 기회를 준다. 실행을 통해 얻은 경험은 나만의 통찰로 변하고, 그 과정에서 얻은 교훈은 조직의 성장에 중요한 자산이 된다. 또한, 솔루션을 공유하고 함께 개선하는 과정이 조직의 혁신을 촉진하며, 팀워크와 협업의 가치를 높인다.

327

경영자는 자신만의 롤 모델이 있어야 한다. 나는 약점을 이기고 역전 인생을 산 마쓰시타를 좋아한다. 2004년 마쓰시타 탄생 110주년 기념 사업이 있었다. 파나소닉을 창업한 옛 공장 터에 '창업의 땅' 기념비가 세워졌다. 그 비석에는 마쓰시타가 남긴 명언이 새겨져 있다.

자신에게는
자신에게 주어진 길이 있다.
넓을 때도 있고 좁을 때도 있다.
오르막이 있는가 하면 내리막도 있다.
아무리 궁리해도 길이 보이지 않을 때가 있으리라.
하지만 마음을 곧게 다지고
희망을 갖고 걷는다면
반드시 길이 열리리라.
깊은 기쁨도 거기서 움트리라.

328

내가 사업을 하는 이유는

첫째, 먹고 살기 위해서다.

둘째, 재미있다.

셋째, 자유를 느낀다.

넷째, 계속해서 생각하고 공부해야겠다는 욕심이 생긴다.

다섯째, 다양한 사람과 이야기하면서 늙음을 방지할 수 있다.

그러나 가장 중요한 이유가 있다. 무시당하는 게 싫기 때문이다.

인내는 쓰다. 그러나 그 열매는 달다. 이 세상에 쉬운 것은 없다. 어렵게 살아도, 쉽게 살아도 하루는 24시간, 일 년은 365일이다. 인내의 결과가 달듯이 고통의 결과는 상상보다 달콤하다.

사업가가 겪는 이런저런 어려움을 일상으로 여기라. 고통으로 내공을 쌓으라.

말초적 쾌락은 나를 병들게 하지만 고됨과 시련은 나를 단련시킨다. 고통은 순간이고 결국 사라진다. 그러나 힘들다고 중도에 포기하면 고통은 지속된다.

330

노력은 본인이 해도 결과는 하늘이 만든다. 내 의지에서 벗어나 천운이 따르는 부분이 있다.

미국 프로 야구 선수인 오타니 쇼헤이의 인기가 대단하다. 투수와 타자를 겸하고 있는 오타니는 운동 실력은 물론 준수한 외모, 따뜻한 인성까지 갖추었다. 그는 중학교 때부터 세계 최고의 선수가 되기 위해서 일생의 목표, 훈련 계획서, 식단 관리표를 만들고 그대로 실천했다고 한다. 그는 노력과 훈련만으로는 목표를 이룰 수 없다는 것을 알고, 천운을 자기 것으로 만들기 위해 노력했다. 운동장의 쓰레기도 줍고, 라커룸을 청소하는 등 남이 하기 싫어하는 일을 자발적으로 했다. 가문이 번창하려면 선대에서 적선과 보시를 많이 해야 한다고 기독교, 유교와 불교에서도 가르치고 있지 않은가?

331

소설가가 배가 고파서 글을 썼다면 경영자는 배가 고파서 사업을 한다. 가난은 이들을 긴장시키고 발전시켰다. 소설가는 시대가 변해도 변하지 않는 진실을 말한다. 훌륭한 소설은 고전이 되어 오래 사랑받는다. 반면 경영자는 시대의 변화를 읽어야 한다. 변화의 열차를 타지 못하면 기업은 망한다. 경영자는 대를 이어 가면서 좋은 기업을 넘어 위대한 기업으로 나아가야 한다. 이것이 기업가의 운명이다.

332

항상 겸손하고, 남을 즐겁게 대하고, 만나면 대접하라.
이것이 인맥 관리의 첫 단계다. 다른 사람의 행운을
진정으로 기뻐해 주고 즐거워하면 인생을 같이할
친구가 많아진다.
인생의 성공이란 무엇인가. 자기가 좋아하고 잘하는
일을 하면서 사회에서 자기의 몫을 다하는 것이다.

333

리더는 초심을 잃지 말고 방심하지 말고 항상 조심해야 한다. 욕망을 버리고 마음을 비우는 '허심'의 자세를 잃지 말고 열정적으로 일하는 마음과 오뚜기처럼 다시 일어서는 뚝심이 있어야 한다. 내가 가장 좋아하는 숫자는 7과 8이다. 행운의 럭키 세븐 7과 다시 일어서는 오뚜기를 닮은 8을 좋아한다.

골프는 시간과 돈, 그리고 신경을 빼앗는다. 골프 때문에 회사가 어려워진 경우를 많이 보았다. 회사를 더 키울 수 있는데 골프에 시간과 신경을 빼앗겨 성장이 멈춘 경우도 보았다. 골프는 한번 라운딩에 5시간이다. 외곽에 있는 골프장까지 가는 시간을 생각하면 하루 시간의 대부분을 빼앗긴다. 거기에 연습장에서 소비하는 시간, 더 잘 치고 싶은 생각 때문에 일에 대한 집중력이 떨어질 수밖에 없다.

그저 남하고 즐길 수 있는 수준 즉, 90에서 100이면 족하다. 골프 칠 시간에 헬스에서 PT를 받아 근육을 챙기는 게 낫다. 등산, 수영, 테니스를 적극적으로 추천한다.

335

과업 근로자가 되라.

시간 근로자는 말 그대로 시간에 맞추어 근무한다. 부가가치가 상대적으로 낮고, 어제나 오늘이나 하는 일의 차이가 별로 없다. 과업 근로자는 부가가치가 높고, 과제를 정하여 결과를 만들어 낸다. 과업 근로자보다는 편한 시간 근로자가 되기를 원한다는 이들이 많다. 분명 회사의 미래를 책임질 과업 근로자인데도 시간 근로자처럼 업무를 한계 짓는 사람이 있다. 시간 근로자보다는 과업 근로자가 일의 성취욕이 높고 보람도 더 많이 느끼고 월급도 높다. 과업 근로자가 되어야 본인은 물론 회사와 사회가 발전한다.

336

대학 졸업 시즌이 다가오면 유명 인사의 졸업식 축사가 신문에 소개된다.

"두렵워하든 두려워하지 않든 실패는 찾아올 것이니 꿈을 따라가십시오. 그래도 괜찮습니다."
-2011년 다트머스 대학에서 방송인 코난 오브라이언

"하고 싶지 않은 일을 하면서도 실패할 수 있으니
내가 좋아하는 일을 하자.
사랑을 선택하고 두려움에 맞서자."
-2014년 마하리시 경영대학에서 배우 짐 캐리

"오늘부터 여러분을 위한 새로운 문이 열리게 됩니다.
그 문은 평생 겪게 될 거절의 문입니다.
거절을 피하지 마세요. 실패를 두려워하지 말고
언제나 '다음'을 기억하기 바랍니다"
-2015년 뉴욕예술대학에서 배우 로버트 드 니로

50년 전 내가 대학을 졸업할 때도 축사를 들었을 것이다. 그러나 그때는 귀에 들어오지 않았다. 기억도

나지 않는다. 인생의 황혼길에 들어서니 그런 말들이 귀하다는 생각이 든다.

뒤늦게 알고 후회하는 것, 아마 이것이 인생인 것 같다.

젊을 때 들었던 말이 나이가 들어 가슴에 와닿을 때가 있다. 지나고 나서야 깨닫는 것이 인생의 아이러니인 듯하다.

AI(인공지능)에 대해 고민하는 사람들이 많다. AI의 발전은 인류 사회에 산업혁명이나 정보혁명보다 더 큰 변화를 가져올 것이다. AI가 인간을 대체할까 많이 두려워한다. 그러나 걱정하지 말라. 우리는 위기를 잘 극복해 가면서 진보해 왔다. 경영자라면 AI가 우리 사회와 경영 환경에 미치는 영향을 성찰하며 AI 시대의 기회와 책임에 대한 균형 잡힌 시각이 있어야 한다.

컴퓨터 과학자 앨런 케이는 말했다.

"AI가 인간을 열등하게 만든다고 걱정할 필요는 없다. 대신, 꽃을 볼 때마다 열등감을 느끼는 것이 더 타당하다."

스탠퍼드 HAI 공동 디렉터 페이페이 리는 말했다.

"AI는 단순한 도구가 아니라, 인간의 창의력과 독창성을 증폭시키는 매개체다."

338

경영자는 의사결정 시 항상 고려해야 할 것이 있다.

1. 사원과 사원 가족의 행복

2. 거래처 및 납품 업체의 만족

3. 우리 상품을 사용하는 고객의 행복

4. 지역 사회의 행복

5. 주주의 행복

이런 것들을 고려하여 최종 판단을 해야 한다. 이것
이 기업의 사회적 책임이다.

339

다음을 조심하라.

경영자의 건강 문제, 오만과 무지에서 오는 사회적 손가락질, 경영권이나 상속 문제로 형제 또는 가족 의 싸움, 무리한 사업 확장에 따른 회사의 자금 압 박, 지나친 정치적 개입으로 인한 경영 외적인 돌발 사태, 방탕한 사생활.

이것들이 회사에 악영향을 미친다.

340

매일 똑같은 일을 한다는 것은 얼마나 지루한가? 새로운 일을 구상할 때 나는 엔도르핀이 솟는다. 구상한 것을 현실로 만들어 갈 때 신바람이 난다. 내가 만든 것을 소비자들이 사랑할 때 보람을 느꼈고 돈도 생겼다. 경영자는 배고픔을 통해 새로운 사업을 창출하고 호기심을 통해 번창한다.

항상 새로운 일에 도전하라. 도전을 겁내지 말라. 새로운 것에 도전하는 것은 가치 있는 일이다.

341

돌아가신 할아버지의 말씀이다.

"교정에서 놀고 있는 어린 학생들에게 색종이를 오려서 뿌려 봐라. 학생들은 저마다 많이 줍기 위해 경쟁할 것이다. 그러나 생각해 봐라. 그 색종이 조각을 어디에 쓸 것인가? 별로 쓸모없다고 생각하면 다시 버릴 것이다."

우리 인생살이도 이와 비슷하다. 별로 쓸모없는 것을 위해서 시간과 정열을 낭비하는 경우가 많다. 항상 생각하라. 생각하는 삶을 사는 사람을 우리는 인격자, 지도자라 부르며 존경한다.

할아버지는 화가 날 때 "속물 같은 삶을 살지 마라"라고 소리치셨는데 속물의 의미를 이제는 확실히 이해한다. 남이 뛴다고 생각 없이 같이 뛰는 사람이 속물이다.

세상에 가장 어려운 일은 자신을 아는 일이고 가장 쉬운 일은 남에게 충고하는 일이다. 함부로 충고하지 말라. 섣부른 충고는 상대의 역린을 건드린다.

남에게 충고할 때는 그 사람의 상황과 감정을 충분히 이해하고 신중하라. 가볍게 던진 말이 상대방에게 상처가 될 수 있다. 충고는 그 사람을 돕기 위한 것이어야지, 자신을 뽐내거나 우위에 서기 위한 것이 되어서는 안 된다. 진정한 충고는 상대방을 배려하는 마음에서 나와야 한다.

343

돈 좀 벌었다고 소문이 나면 주위에 사기꾼이 생기기 마련이다. 부잣집 아들 주변에는 항상 사람이 꼬이는데 사기꾼들도 많다. 검소하고 근면하면 사기꾼들이 들어올 틈이 없다. 사기는 상대방을 의심 없이 믿는 데서 시작된다. 대개 혈연이나 친구 앞에서 판단력이 흐려진다. 사회적으로 인정받는 사람 앞에서는 그 권위에 눌려 쉽게 믿게 된다.

세상 물정을 몰라도 사기꾼의 표적이 된다. 뉴스도 열심히 보고, 사람들과 교류하면서 세상을 알아야 한다. 또 본인이 너무 똑똑하다고 자부해도 사기당하기 쉽다. 오만방자한 섣부른 자신감이 오히려 남에게 쉽게 속게 만든다.

344

부자가 되고 싶으면 자기 사업을 하라.
절대로 월급쟁이로 부자가 될 수는 없다.
부자의 개념은 사람마다 다르지만
대개 돈과 시간으로부터 자유로운 사람이 부자다.
돈, 권력, 명예로부터 자유로워야 진짜 부자다.

345

돈에도 인격이 있다. 돈을 함부로 대하거나 가벼운 존재로 여기면 돈은 도망간다.

돈은 자신을 무시하거나 소홀히 대하는 사람에게서 떠나간다. 자신을 존중하고 잘 보살피는 사람 곁에 머무른다. 투자할 때 어떤 사람들은 "이 돈은 잃어도 큰 상관 없는 돈이야"라고 말하는데, 세상에 잃어도 되는 돈은 없다. 많은 사람이 "돈은 나쁘다", "돈 때문에 인생이 불행하다"라는 잘못된 믿음을 가지고 있다. 돈을 비난하고, 부자를 시기하는 사람에게는 돈이 찾아오지 않는다.

346

밥 앞에 충견 없고 돈 앞에 충신 없다. 누구에게 약점 잡히지 말라. 부자지간이나 형제지간, 부부 사이도 돈 앞에서 틀어진다. 송사가 벌어지기도 한다.

그러니 직원과의 사이에 비밀이 지켜질 것이라고 믿지 말라. 나쁜 짓을 저지르면 돌이킬 수 없는 책임으로 돌아온다. 인격적으로 존경은 못 받을지언정 회사 직원들에게 약점은 잡히지 말라. 그들에게 휘둘리게 된다.

347

MZ 세대는 자유분방하지만 일을 효율적으로 접근하는 능력이 뛰어나다. 아버지 세대인 X 세대와 다르게 공정, 권리, 정의에 민감하다. 개인주의적 성향이 있는 이들은 디지털 환경에 익숙하고 사회적 책임감과 지속 가능성에 대한 관심이 높다. X 세대는 일을 통해 충족되지 못한 성취와 의미를 복지나 금전으로 보상받았다. 하지만 MZ 세대는 다르다. 이들은 물질적 성공, 일을 통해 얻는 성취와 의미 모두를 중요하게 여긴다. 이들을 전문가로 키우기 위해서는 공정한 보상이 있어야 하고, 마음껏 실험하고 실수하며 성과 낼 수 있는 일터를 제공해야 한다.

348

잘못된 가정 설정이나 잘못된 통계에 의해 토론이 진행되고 이것으로 인해 잘못된 의사결정을 해서는 안 된다. 통계나 가설이 맞는지 항상 확인하라. 또한, 결정된 사항이라도 자주 회의 의제로 올려 잘못된 것이 없는지 살펴야 한다. 직관만 믿어서도 안 되지만 지나친 자료나 경영 이론에 매몰되어서도 안 된다.

349

경영자는 쏟아지는 정보의 홍수 속에서 옥석을 가릴 줄 알아야 한다. 최고경영자는 본인의 결정을 확인하는 시스템을 갖추어야 한다. 신문이나 TV에 무엇이 잘된다고 나온다면 이미 흘러간 상품이다.

대중매체에서 특정 아이템이나 트렌드가 "잘되고 있다"고 보도되는 시점이라면, 이미 그 가치는 소진되었거나 시장에서의 열기가 끝나 가고 있을 가능성이 크다. 따라서 경영자는 시류에 흔들리지 않고 미래를 내다보며 선제적으로 전략을 세울 수 있는 혜안을 가져야 한다.

350

오너 리스크(Owner Risk)를 조심하라.

오너 리스크는 기업의 주요 경영자의 행위나 결정이 기업의 경영에 부정적인 영향을 미치는 상황을 뜻한다. 오너 리스크는 회사의 이미지, 신뢰도, 그리고 재무 상태에 악영향을 미칠 수 있다.

요즘 한 대기업이 어렵다고 한다. 2세 경영 회장이 관심을 가졌던 일렉트로마트, 골프, 야구, 패션 등이 좋은 성과를 내지 못했다. 그의 지나친 SNS 소통도 도마 위에 올랐다. 오너 리스크다.

351

내가 경영학을 공부하고 대학을 졸업할 당시 대부분의 친구들은 은행이나 기업에 취직했다.

나는 내가 하고 싶어서 신문사 기자가 되었다. 체육 전문 기자가 없던 시절 운동선수 출신인 나는 회사에서 날아다녔다. 운동 규칙, 역사, 인맥 등에 있어 나를 능가하는 사람이 별로 없었다. 그러나 해외 취재를 나가서야 세계는 넓고 나는 우물 안 개구리였다는 것을 알았다. 여기서 도전을 얻어 미국에서 공부했다. 힘이 있을 때까지 도전하라. 잘할 수 있는 일과 하고 싶은 일이 같으면 금상첨화, 성공의 지름길이다.

352

우리 옛말에 "소년 급제는 경계하라"라는 말이 있다. 어려서부터 권력과 부가 많은 곳에서 자라면 공감력이 떨어지고 자기애의 확증편향이 심화된다. 어린 나이에 과도한 성공을 거두거나 권력과 부를 누리면 자칫 그 사람의 인격과 삶의 방향에 부정적인 영향을 미칠 수 있다. 자신만의 세계에 갇혀 타인의 고통이나 어려움을 외면하게 될 위험도 있다. 따라서 어린 나이에 성공을 거두거나 많은 것을 가질수록 겸손해야 한다. 이들은 자신만의 성장뿐 아니라, 사회와의 조화로운 관계를 고민해야 할 의무가 있다. 겸손과 나눔이 그 시작이다. 이를 실천할 때, 개인의 성공은 공동체의 발전으로 이어져 그들의 존재는 더 큰 가치를 창출할 것이다.

태어나서 30년은 교육을 받기 위해 학교 친구와 살고 그 후 30년은 직장에 다니면서 직장 친구와 산다. 노년 30년은 어떻게 살아야 할까? 살아온 길이 다르고 나이가 달라도 취미와 가치관이 같으면 친구가 되는 옥시토신 커뮤니티를 꿈꾸고 있다. 마음이 맞는 좋은 사람들과 함께 살면서 직장, 주거, 재미, 건강을 다 챙길 수 있는 옥시토신 마을을 구상하는 것이 나의 요즘 과업이 되었다.

354

꼰대는 언젠가부터 좋지 못한 단어로 전락했다. 내가 중학교에 다니던 시절 담배나 술처럼 학생이 해서는 안 되는 행동을 하다가 선생님이나 어른이 오면 망보던 친구가 "꼰대 온다" 했던 기억이 있다. 그 친구들은 지금 어디서 무엇을 하고 살까? 만나 보고 싶다.

당시 꼰대는 나이 많은 어른, 가르침을 주는 어른의 대명사였는데 이제는 잔소리나 하고 권위만 내세우는 나이 많은 사람을 깎아내리는 단어가 되었다. 꼰대를 무시하는 젊은이들을 나무랄 게 아니다. 꼰대들이 변해야 한다. 젊은이에게 내가 살아온 삶의 방식을 강요하며 그들의 행동을 지적할 것이 아니라 그들을 관찰하고 기다려 주고 지원해 주어야 한다.

355

영화 <인턴>에 나오는 벤(로버트 드니로)처럼 젊은 경영자들에게 도움을 주는 어른이고 싶다. <인턴>은 세대 간 협력이 어떻게 혁신을 가능하게 하고, 서로의 강점을 살려 회사를 성장시키는지 보여 준다.

벤은 말한다.

"경험은 절대 유행을 타지 않는다."

"침착하게, 깊게 숨을 들이쉬어 균형을 유지하라."

경험은 단순히 과거의 유물이 아니다. 빠르게 변화하는 환경에서도 여전히 중요한 통찰을 제공해 준다. 혼란스러운 상황에서도 차분하게 자기 중심을 찾아야 한다. 스트레스가 많은 업무 환경에서 새겨볼 만한 조언이다.

356

사람을 동물상으로 나누어 설명하기도 한다. 사자상, 곰상, 뱀상, 고양이상 등 다양하다. 경영자들은 어떤 상이 좋을까? 내가 생각하는 경영자는 야생마상이다. 그들은 건강미 넘치는 몸에 호기심 가득한 눈, 도전적인 눈빛을 가졌다. 야생마상 경영자는 전통적인 틀에 얽매이지 않고, 창의적이며 독립적인 사고를 한다. 자신만의 방식으로 문제를 해결한다. 외부의 압력이나 관행에 쉽게 굴복하지 않는다. 새로운 기회를 찾아내고 과감히 도전한다.

357

소프트파워를 장착하라. 21세기는 '마음의 경제' 시대다. 인류는 단순 노동을 중심으로 한 '손발 경제'를 거쳐 학식과 지식을 활용하는 '두뇌 경제'로, 그리고 이제는 '마음의 경제'로 나아가고 있다.

수년 전 미국 심리학회에서는 어떤 유형의 직장인이 더 빨리 승진하고 연봉이 더 많이 오르는지를 주제로 한 발표가 있었다. 결론은 단순히 실력만으로는 성공하기 어렵고 직장 내에서 '인기' 있는 사람이 더 좋은 성과를 얻는다는 것이었다.

사교적이고 팀워크가 좋고 친화적이며 신뢰감을 주는 소프트파워가 있는 사람이 성공한다. 소프트파워는 학력이나 자격증과는 별로 상관이 없다. 소프트파워는 인간의 마음과 직결되어 있다. 이제는 마음의 힘을 잘 활용하는 사람이 성공할 수 있다.

358

일 잘하는 사람에게는 결과에 상응하는 보상을 해
주고 칭찬과 격려를 하라. 입사한 지 오래되었다고
우대하고 나이가 많다고 월급을 더 주면 진짜 일 잘
하는 사람은 마음에 상처를 입는다. 당연히 의욕이
떨어진다. 업무 능률도 함께 떨어진다.

칭찬과 격려, 권한 부여, 인격 존중, 신속한 피드백,
정당한 보상, 비전 제시 등으로 일 잘하는 사람을 관
리하라.

359

자신만의 생각을 가지되,
이를 표현할 때는 신중함을 기하라.
요즘처럼 SNS가 발달한 시대에는
소수의 결집된 의견만으로도
다수의 여론을 뒤흔들 수 있다.
타인의 평가에 지나치게 신경 쓰지 말고,
자신의 길을 걸어가라.
SNS 사용은 때로 불필요한 시간 낭비가
될 수 있음을 기억하라.

360

누구나 후회를 한다. 그러나 후회를 최소화하기 위해서 다음을 기억하라.

1. 부모에게 효도하라.

2. 가족과 화목하게 지내라.

3. 항상 건강을 챙기라. 건강을 잃으면 모든 것을 잃는다.

4. 교육에 투자해서 배움을 가까이하라.

5. 편안함을 경계하라. 편안할 때가 위기의 시작이다.

6. 절약하라. 재산은 있을 때 아껴야 한다.

7. 일할 수 있을 때 열심히 일하라.

8. 취하면 실수한다. 술, 놀음, 마약, 과도한 취미 생활을 경계하라.

9. 주변을 신경 쓰고 베풀라. 위기 때 뜻하지 않은 큰 힘이 될 수 있다.

10. 자기를 낮추어 항상 겸손하라.

361

인생 최고의 무기는 인성이다. 인성이란 사람의 됨됨이, 인품, 인격, 즉 사람 각자가 가지고 있는 사고와 태도다. 성공은 좋은 머리가 아니라 인성이다. 사람들은 같은 사물을 보면서 각자의 인성에 따라 다른 생각을 한다. 같은 현상을 대하면서 각자의 인성에 따라 다른 결정을 한다. 좋은 인성의 씨앗을 심으면 성공을 수확할 수 있다.

362

나는 남들과 경쟁하기 싫었다. 나는 남들과 싸우기 싫었다. 싸움보다는 나만의 새로운 길을 걸으려고 노력했다. 내가 남들과 경쟁해서 이길 만큼 똑똑하거나 우수하지 않았기 때문이다. 그러나 다른 사람이 걸어온 싸움만은 피하지 않았고 최선을 다해 상대했다. 이기든 지든 결과에 승복했다. 이겼을 때는 진 사람의 아픔을 생각했고 졌을 때도 치사하게 뒤에서 해코지하지 않았다.

363

나는 잘 모르는 교육 사업에 손댔다가 실패했다. 내가 하고 싶은 사업과 잘할 수 있는 사업은 다를 수 있다. 하고 싶지만 잘 모르는 사업은 손대지 말라. 사업은 취미가 아니다. 잘할 수 있는 사업에 전문가가 되어 집중해야 성공할 수 있다.

364

나의 할아버지 주례사에 나오는 '행복'에 대하여 정
리해 보았다.

행복은 주관적이고 정신적이다.
행복은 마음속에 있다.
객관적으로 아무리 좋은 환경이라도
만족감이 없다면 행복하지 않다.
행복은 저절로 찾아오지 않는다.
행복이라는 씨를 뿌리고 노력과 인내로 잘 가꾸어야
행복의 열매를 수확할 수 있다.
생활의 편안함, 즐거움, 기쁨, 만족의 느낌이
감사로 연결될 때 비로소 행복해진다.
즉 감사가 행복이다.
물질적으로 풍족하다고 행복한 것이 아니다.
정신적으로 확고한 가치관과 인생관이
형성되어 있어야 행복을 느낄 수 있다.
감사가 마음에 뿌리를 내렸을 때,
행복은 우리 곁을 떠나지 않는다.

365

꽃은 웃어도 소리가 없고 새는 울어도 눈물이 없다.

가장 나쁜 경영은 흥분하는 것이다.

착하게, 아름답게, 강하게, 조용히 인생을 살라.

에필로그

스포츠에서 배우는 경영철학

젠틀맨, 비즈니스맨, 스포츠맨 중에서 하나를 선택하라면 나는 주저 없이 스포츠맨을 택할 것이다. 나는 일생을 스포츠 맨으로 살았다는 사실을 자랑스럽게 생각한다.

영국은 젠틀맨의 나라다. 미국은 비즈니스맨이 대접받는다. 하지만, 젠틀맨이든 비즈니스맨이든 바탕은 모두 스포츠맨이 다. 영국이든 미국이든 학창 시절에는 모두 스포츠맨이다. 스 포츠맨은 학창 시절에 경험하지 않으면 얻을 수 없는 소중한 자산이다. 학교를 대표해서 경기에 출전하는 경험은 아무나 할 수 없는 젊음의 자산이다.

학교를 졸업하고 사회에 나와서 조기 축구를 하고, 산에 오 르고, 골프를 한다고 스포츠맨이 되는 것은 아니다. 그것은 단지 취미 생활일 뿐이다.

스포츠를 취미로 즐기는 것과 학생 때 학교 대표로 경기에 나가는 것하고는 스포츠를 대하는 자세에서 근본적인 차이가 있다. 고된 훈련과 선후배 간의 엄격함, 작전 수행의 어려움, 그리고 선발 대열에 들기 위한 경쟁 등은 동호회 차원에서 즐기는 수준과는 엄청나게 다르다.

학생은 많고, 스포츠를 취미로 즐기는 사람은 많아도 학교를 대표해 경기에 나간 사람은 많지 않다. 학교를 대표한 선수들을 우리는 스포츠맨이라 부른다.

나는 그들을 좋아한다. 그들에게는 그들만의 독특한 문화가 있다. 거칠고 직설적이고 다듬어지지 않은 것처럼 보이나 명분과 투명성을 중요하게 여기며 도전과 희생을 무서워하지 않고 인간미가 넘치는 그들이 좋다.

이러한 스포츠맨의 정신이 젠틀맨이나 비즈니스맨의 기초가 되는 것이다. 영국이나 미국의 성공한 사업가 중에 유독 스포츠맨 출신이 많다. 그들에게는 남이 가지고 있지 않은 장점이 있다.

언뜻 스포츠와 경영이 무관한 듯 보인다. 하지만, 그 속에 하나의 진리처럼 맥을 이루는 것들이 있다.

첫째, 도전 정신이다.

패배를 예상하고 경기에 나가는 선수는 없다. 아무리 실력 차가 나도 승리를 기대하며 도전하고 또 도전한다. 이길 때까지 도전한다. 크게 뒤지고 있어도 종료 휘슬이 울리는 마지막 순간까지 최선을 다한다. 포기를 모르는 불굴의 정신이 있다.

둘째, 흘린 땀을 믿는다.

땀은 배반하지 않는다. 이기는 그날까지 인내심을 가지고 훈련한다. 이들에게 패배는 없다. 단지 승리를 뺏겼을 뿐이다. 뺏긴 승리는 되찾아 와야 할 책임이 있다.

셋째, 페어플레이 정신과 스포츠맨십이다.

선수들은 경기 규칙에 벗어나는 행동을 의식적으로 거부한다. 이것은 현대 경영의 중요한 덕목인 투명 경영의 바탕을 이루게 된다. 시대 화두인 공정과 정의, 명분은 스포츠맨이 가져야 할 가장 중요한 덕목이다.

넷째, 확실한 목표다.

스포츠의 최종 목표가 승리이듯 기업 역시 최종 목표는 이익이다. 선수가 승리를 위해 최선을 다하듯 경영자도 이익을 위해 최선을 다한다.

다섯째, 빠른 판단력과 추진력이다.

선수는 훈련을 통해 익힌 감각으로 슛을 때리고 패스를 한다. 경영도 현장에서는 감각적이어야 한다. 세계적인 경영의 대부인 GE 잭 웰치 회장도 학창 시절에는 아이스하키 선수였다. 그는 빠른 판단력과 추진력으로 GE를 세계 7위의 기업으로 만들었다. 그의 스피드 경영은 '빠른 놈이 큰 놈을 잡아먹는' 현대 경영의 정답이 되었다.

여섯째, 승리에 겸손하고 패배에 비굴하지 않다.

그들은 승리의 기쁨도 한순간이며 패배의 아픔도 한순간이라는 사실을 경험으로 알고 있다. 승자가 있으면 패자가 있는 법. 스포츠맨에게는 항상 남을 배려하는 아름다움이 있다.

삶의 모든 순간에서 도전과 희생을 두려워하지 않는 스포츠 정신에서 경영의 지혜를 배웠으면 한다. 이 책이 바른 경영과 지속가능한 경영이 되는데 조금이라도 도움이 되었기를 바라며….

아침 1분 경영 수업

1판 1쇄 | 2025년 1월 15일

지은이 | 이관식
펴낸이 | 박상란
펴낸곳 | 피톤치드

디자인 | 김다은 교정 | 양지애
경영·마케팅 | 박병기
출판등록 | 제 387-2013-000029호
등록번호 | 130-92-85998
주소 | 경기도 부천시 길주로 262 이안더클래식 133호
전화 | 070-7362-3488
팩스 | 0303-3449-0319
이메일 | phytonbook@naver.com

ISBN | 979-11-92549-38-5(03320)

• 가격은 뒤표지에 있습니다.
• 잘못된 책은 구입하신 서점에서 바꾸어 드립니다.